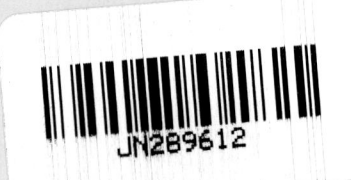

立花愛子
佐々木伸 ●著

びっくり! おもしろ空気遊び

チャイルド本社

びっくり！おもしろ空気遊び Contents

空気をつかまえよう！

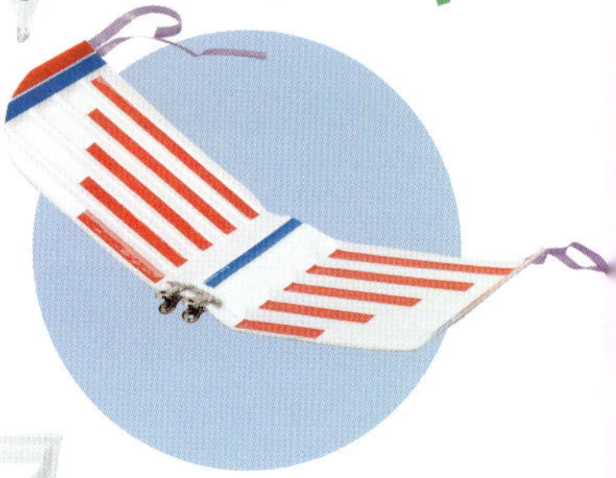

風で遊ぼう！

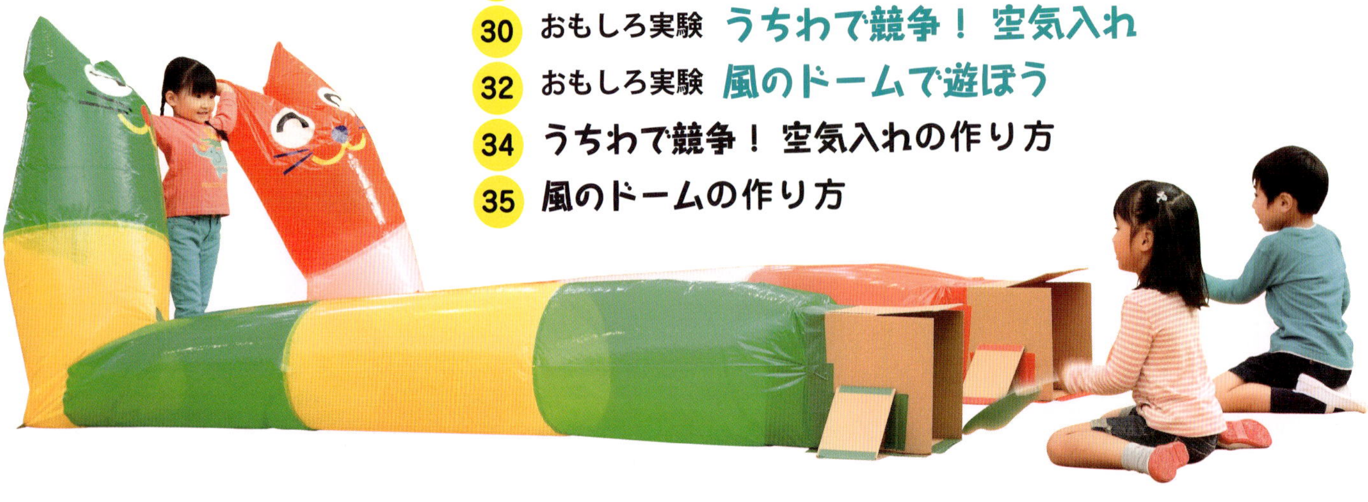

はじめに

空気は、いつも身の回りにあるのに、
あまりその存在を感じません。
色も臭いも、重さも無いようですが、
私たちには欠かせない大切な物です。
この本では、空気の性質をたくさん感じる
遊びを紹介しています。
空気は、実はとても力持ちで、
バネのような弾力をもっていたりすることが
おわかりいただけるでしょう。
子どもたちと力一杯遊んでくれる空気を、
楽しんでください。

立花愛子　佐々木伸

空気を飛ばそう！

吹き出す空気で遊ぼう！

空気を閉じ込めよう！

空気をつかまえよう！

フラフラ宇宙人

レジ袋で作った怪しい宇宙人たちは、
体いっぱいに空気をはらんでふわふわと地上に落ちてきます。
おもりが軽いほど、ゆっくりのんびり落ちてきます。

空気をつかまえよう！

ポッコリUFO

ふわりと上に投げると、空中でポコッ！
と膨らんで、ゆっくり着地します。
うまく空中で空気を入れるには、
どんな投げ方がいいのか、
いろいろためしてみてください。

えいっ！

いくぞ～

ポッコリ！

フラフラ宇宙人の作り方

材料
レジ用ポリ袋
アルミホイル
広告紙や新聞紙など

道具
はさみ
フェルトペン
セロハンテープ

1 持ち手つきレジ用ポリ袋を図のように切る。持ち手の幅を半分、袋の深さを半分くらいにするつもりで。

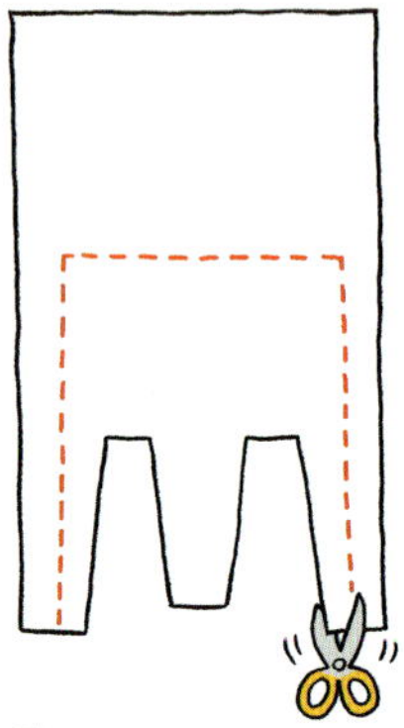

2 持ち手は縦に切り込みを入れて、足をバラバラにしておく。細かく切り込みを入れて足の数を増やすと、よりゆっくり落ちる。

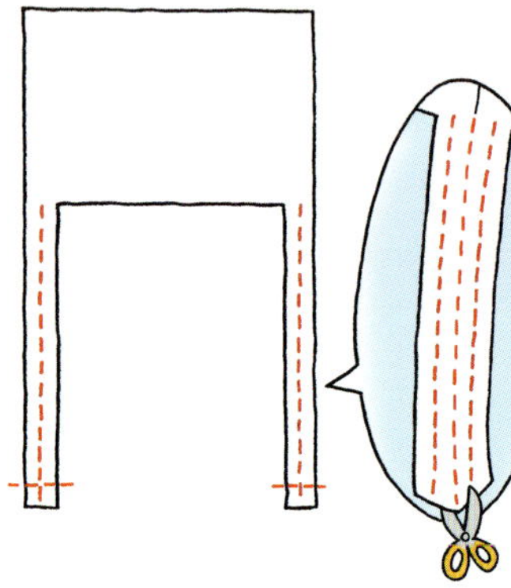

3 フェルトペンで宇宙人の顔を描き、足の先を包むようにアルミホイルを丸めて、おもりをつける。おもりの重さは、落としてみながら調節する。

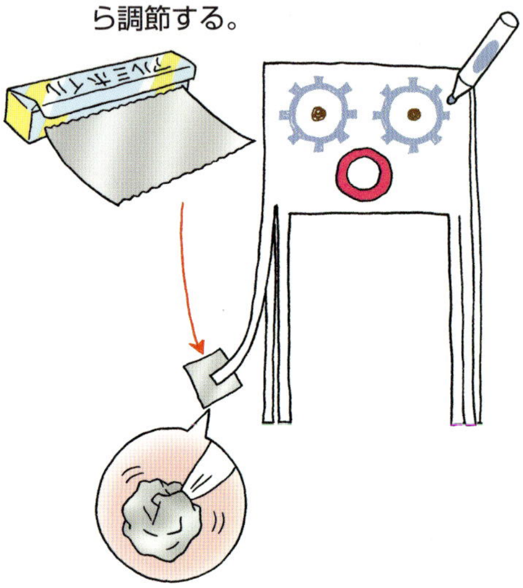

4 キャッチする棒は、新聞紙や広告紙を斜めに巻いて棒を作り、先を折り曲げてセロハンテープで留める。

ためしてみよう！

うちわで宇宙人退治！

落ちてくる宇宙人を、下からうちわであおいで、できるだけ着陸させないようにするゲームもできます。白熱すること、間違いなし！

ポッコリ UFO の作り方

材料

紙皿 2 枚
（厚みがある丈夫なもの）
ポリ袋

道具

はさみ
フェルトペン
両面テープ

1 紙皿は２枚とも、縁を広めに残し、真ん中を切り取る。フェルトペンなどで裏側に模様をつける。

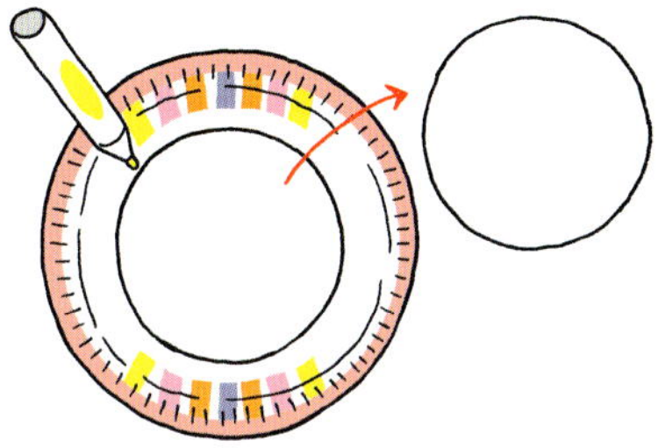

2 ポリ袋に、フェルトペンで絵や模様を描いておく。

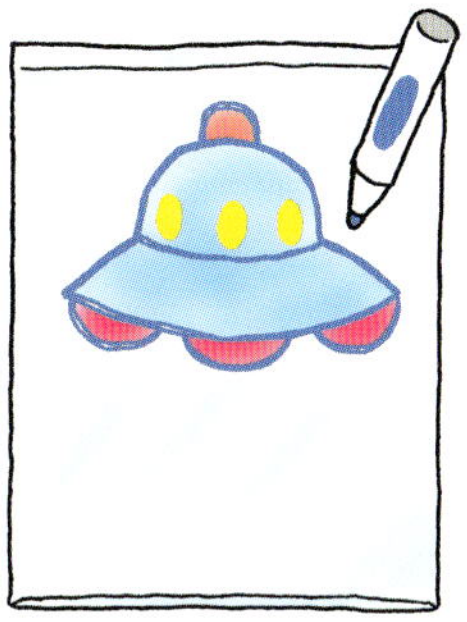

3 片方の紙皿の穴の周りに両面テープをつけ、 2 のポリ袋を円形にはりつける。縁にも両面テープをつけ、もう 1 枚の紙皿を図のようにかぶせて、2枚をはり合わせる。

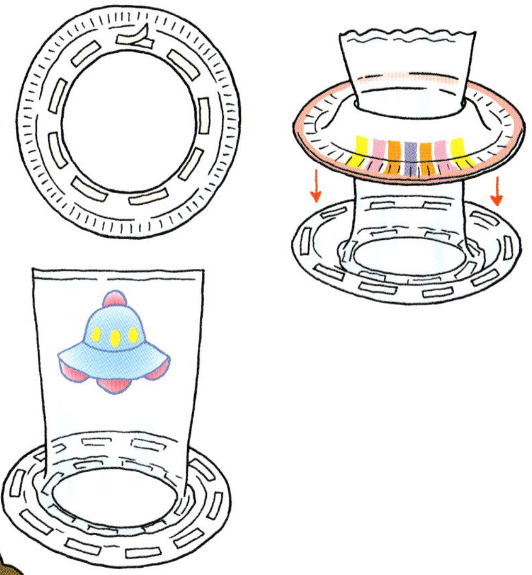

4 飛ばすときは袋をふんわりたたんでおき、上に向って軽く投げましょう。

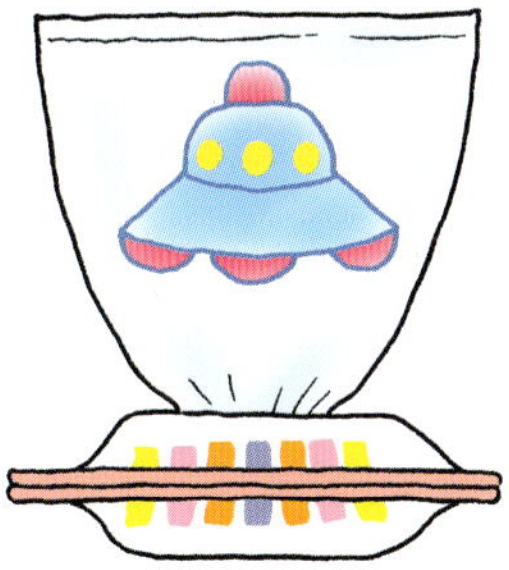

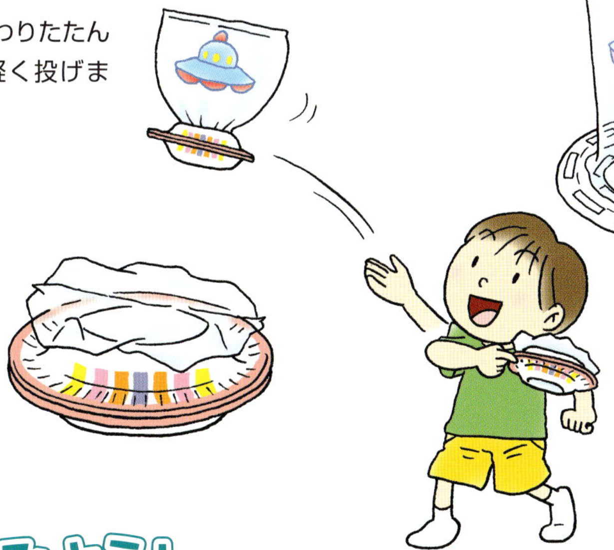

ためしてみよう！

かさ袋ロケット

かさ用のポリ袋を使って、同じように「投げて空気をつかまえる」おもちゃができます。
袋の口に、細長く切った色画用紙を二重に巻いて、両面テープなどで固定するだけ。口を持って投げると、空気がポッコリと入ってよく膨らみます。

空気をつかまえよう！

ポンポンカーリング

ポンポンとたたくと、あら不思議！
なぜか空気が入ってパンパンに膨らみます。
床の上で滑らせて、カーリングゲームに挑戦しましょう。

裏に穴が
あいてるんだ

こうやって、
たたくように
上下して……

膨らんだ！

やった！
的に
入ったぞ！

ポンポンカーリングの作り方

材料

ポリ袋
段ボール
ラップのしん
片段ボールなど
（持ち手用）

道具

はさみ
セロハンテープ
両面テープ
木工用の接着剤
ビニールテープ

1 ポリ袋の真ん中に丸い穴を切り取ってあける。2枚重なっているうちの、1枚だけにあけること。口は2回折ってセロハンテープで、隅々までしっかり留める。

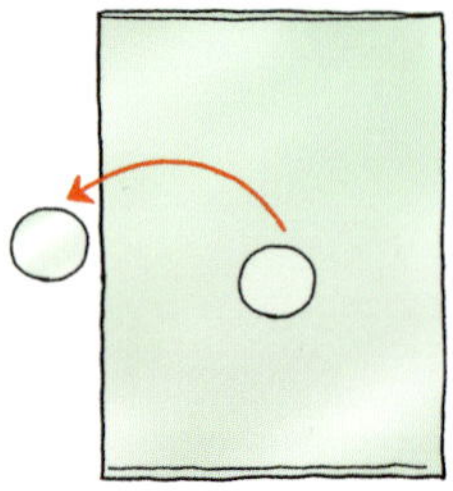

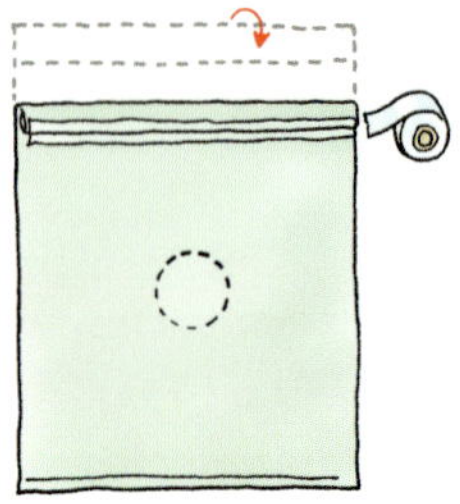

2 袋の4つの角を図のように折り、セロハンテープで留める。

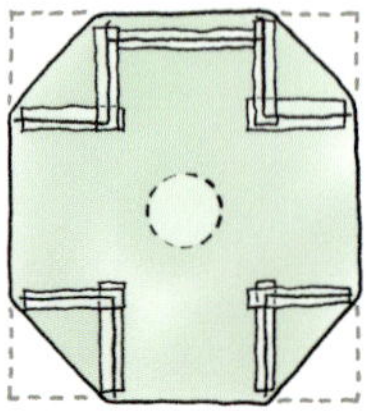

3 段ボールを丸く切り、中央に持ち手を木工用の接着剤で固定する。

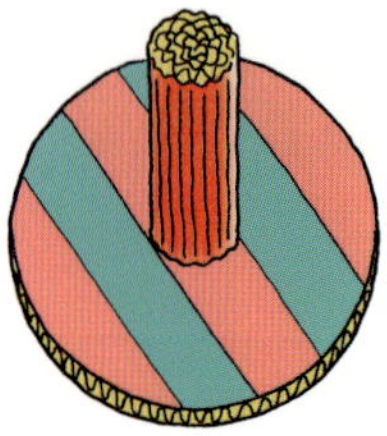

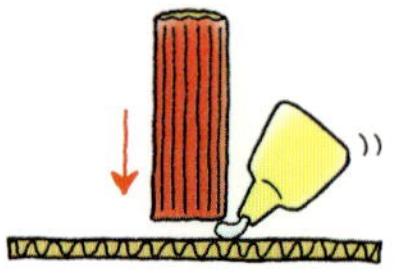

＊段ボールに好きな色や模様をつけましょう。

4 3の段ボールの、端から少し内側に両面テープを数か所つけ、2のポリ袋の穴が外側に出るようにはりつける。

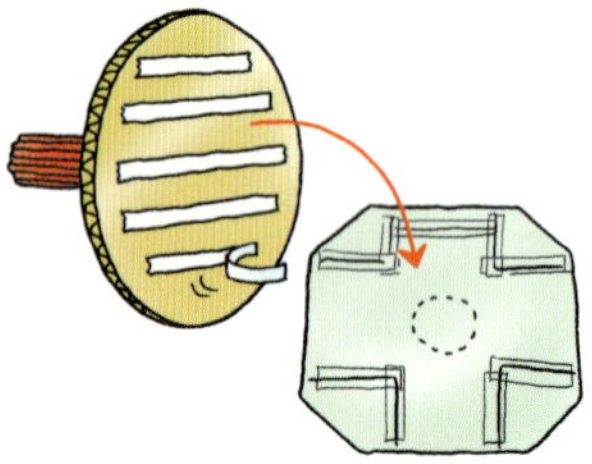

5 持ち手を持って、軽くたたくように上下させると、空気が入って袋がパンパンに膨らむので、そのまま床を滑らせて遊びます。

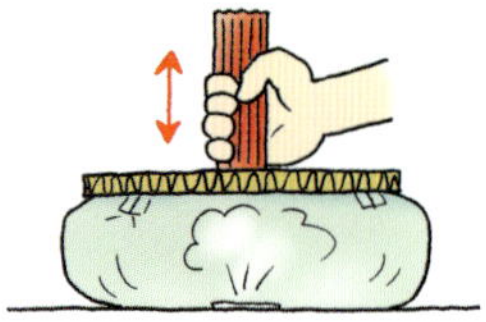

6 床にビニールテープで的を作り、点数を競って遊びましょう。

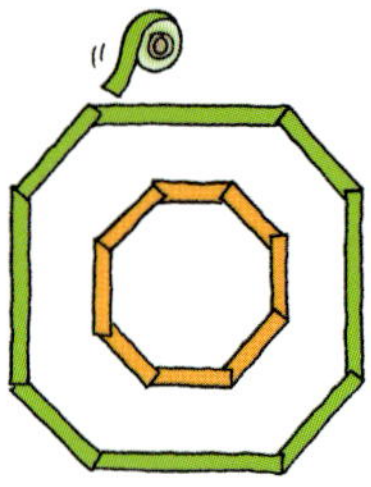

どうしてたたくと空気が入るの？

大きなシートなどを空中で上下させていると、シートが空気をはらんで膨らみます。シートが上に上がると、シートの周囲の空気もいっしょに上に持ち上がるので、空気はそれに引かれてシートの下へ吸い込まれます。そのため、シートが膨らむのです。ポンポンカーリングが膨らむのも、同じ理屈です。

ためしてみよう！

ゆらゆら　ビッグカーリングストーン

大きな板段ボールで作れば、子どもが上に乗れるくらいのカーリングのストーンができます。大人が乗っても大丈夫。ゆらゆら揺れれば、波乗り気分。ポリ袋は 45 リットルくらいが適当です。

1 板段ボールは 30cm × 40cm くらい。ポリ袋はそれより一回り大きいくらいのものを用意する。袋の中央に穴をあけ、口を 2 回折ってきっちりとセロハンテープで留める。

2 両面テープを、装飾した板段ボールの図の位置につけ、1 の袋を、穴を上にしてはりつけて、できあがり。

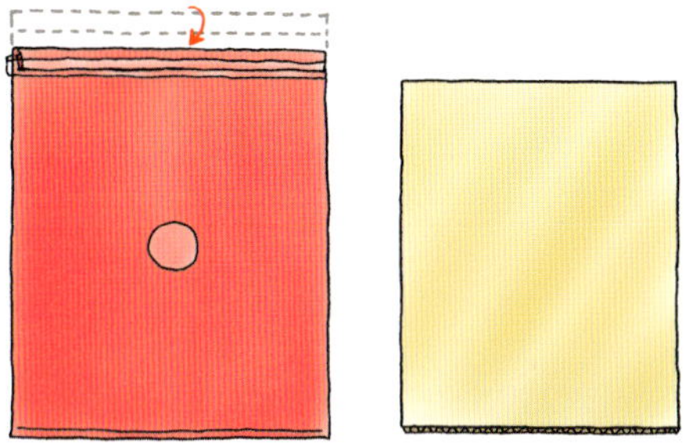

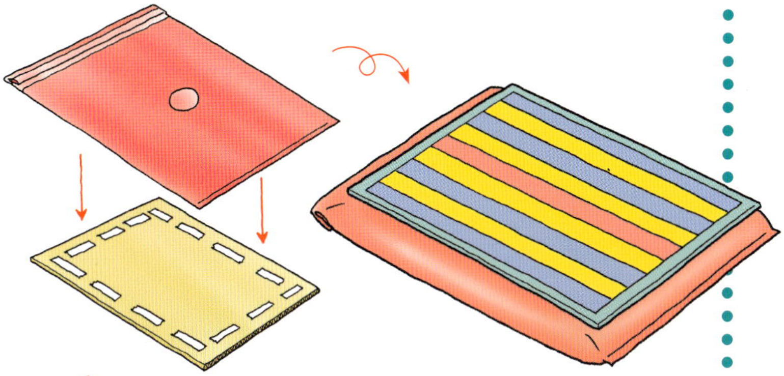

おもしろ実験

トレーのグライダーを飛ばし

薄いトレーの形をいかし、ふわりと滑空するグライダーを作ってみましょう。
空気にのせるように押し出すと、つい～っと飛んでいきます。

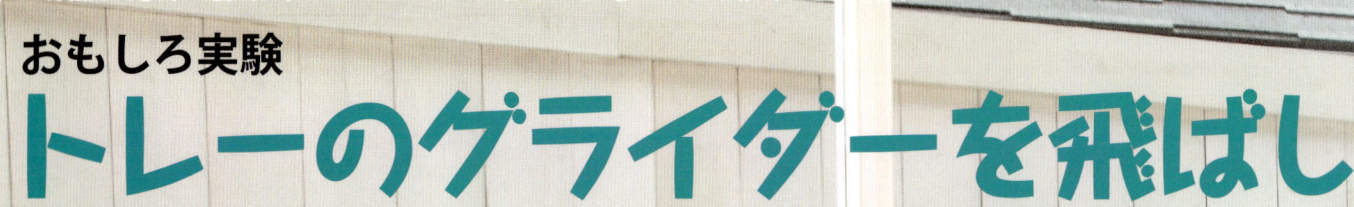

てみよう！

クリップは重心を
作るおもりとして
つけてあります。

トレーのグライダーの作り方

材料

発泡スチロールの
トレー２枚
目玉クリップ
スズランテープ

道具

はさみ
両面テープ

1 発泡スチロールのトレーを、同じもので２枚用意する。できるだけ横が長く、軽いものが飛びやすい。図のように側面を切り取る。

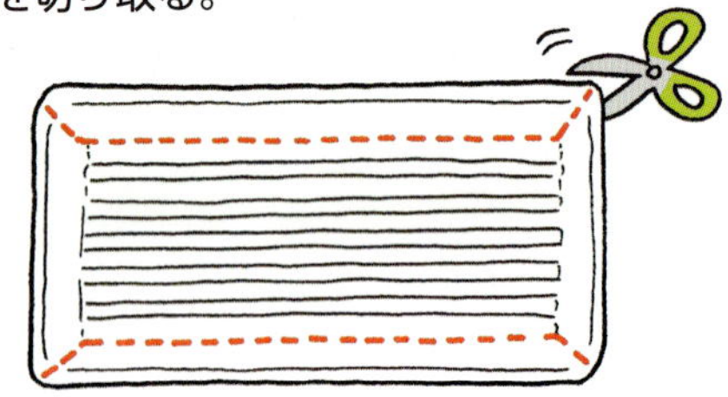

2 切ったトレー２枚を、図のように両面テープではり合わせる。

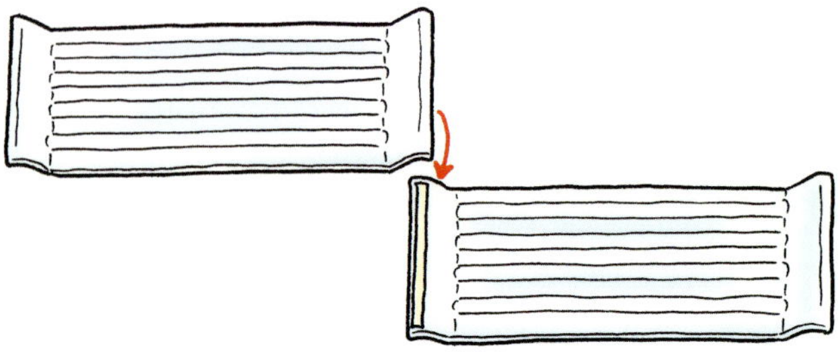

3 細く裂いたスズランテープを翼の端にセロハンテープなどで留め、おもり用の目玉クリップを真ん中につけて、できあがり。

4 まっすぐ、空気の上にのせるような感じで押し出すと、よく飛びます。目玉クリップの重さによって飛び具合が違ってきます。なん度かためしてみて、最適なクリップの大きさを探してください。

グライダーのヒントになった!? 滑空する種

グライダーのヒントになったのは、植物の種です。
東南アジアに分布するマクロカルパというウリ科のツル植物は、子どもの頭の大きさほどもある、大きな実をつけます。その中にはまるでパラフィン紙で作ったような、半円形の薄い翼を持つ種がお菓子のミルフィーユのように重なって入っています。この種は風にのって空気中を滑るように飛び、かなり遠くまで飛散することで知られています。この種の飛行能力の高さはすばらしく、19 世紀末には学者の目にとまり、それをもとにグライダーが作られたといわれています。

作ってみよう!

空飛ぶ折り紙

折り紙を少し折ったり反らせたりするだけで、飛行機に変身させることができます。
トレーのグライダーに似た形に折ったもの、端を折って輪にしたものも、投げやすく、よく飛びます。

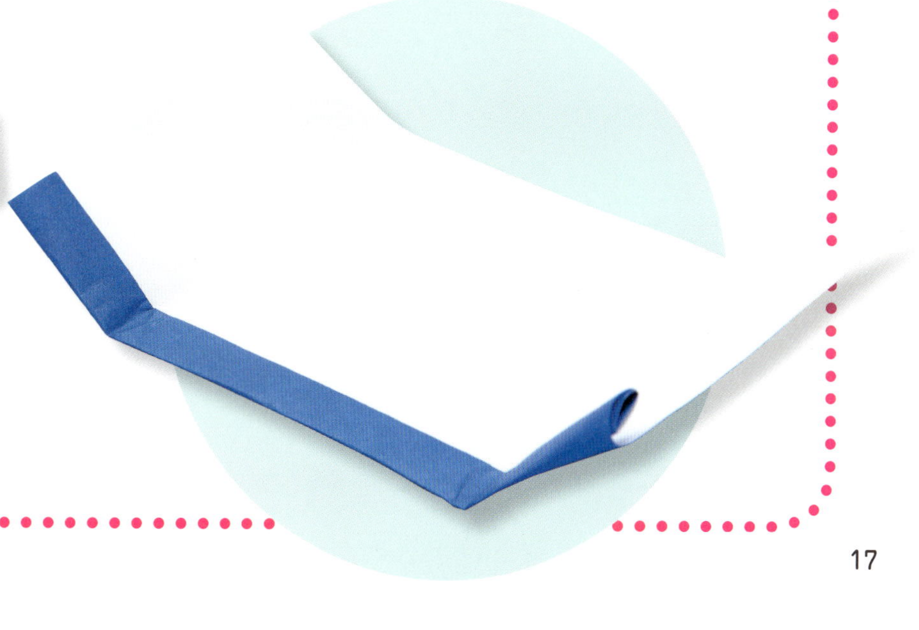

風で遊ぼう！

風力自動車

風の力で走る 3 つの車です。
発泡スチロールのトレー、ポリ袋、牛乳パック。
どの車が一番速いかな？

トレーと
紙コップの車。
軽さは一番！
レジ用ポリ袋と
牛乳パックの車。
風をためる量は
一番？
牛乳パックの車。
かんたんさは
一番！

風で遊ぼう！

風採りフラッグ

外に出て、風を探してみましょう。
見つけたら、風と向かい合わせに
このフラッグを持ちます。
リングがどこまで上がるかで、
風の強さがわかる仕組みです。

風、
来るかなぁ？
ただいま、
そよ風が
吹いてます！
来た来た～！

風力自動車の作り方

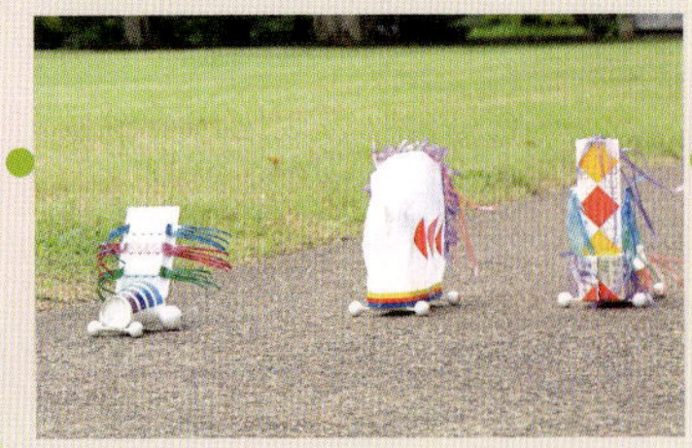

材料

紙コップ
発泡スチロールのトレー
牛乳パック
レジ用ポリ袋、竹串
ストロー
スチロール球
スズランテープ
キラキラ光るテープ

道具

はさみ
両面テープ
セロハンテープ

●紙コップ自動車

1 紙コップの下の方に穴をあけ、適当な長さに切ったストローを通す。その中に竹串を通し、両端にスチロール球を刺して車輪にする。

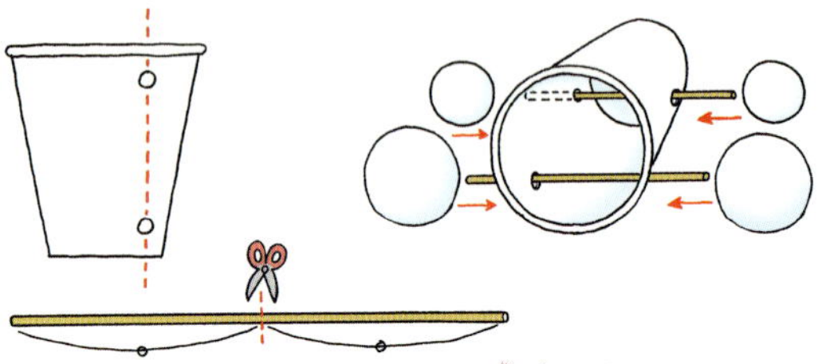

2 トレーを図のように、紙コップの弧の形に合わせて切る。両面テープで紙コップにはりつけ、セロハンテープで補強してしっかりつけておく。細く裂いたスズランテープをセロハンテープでつけて、できあがり。

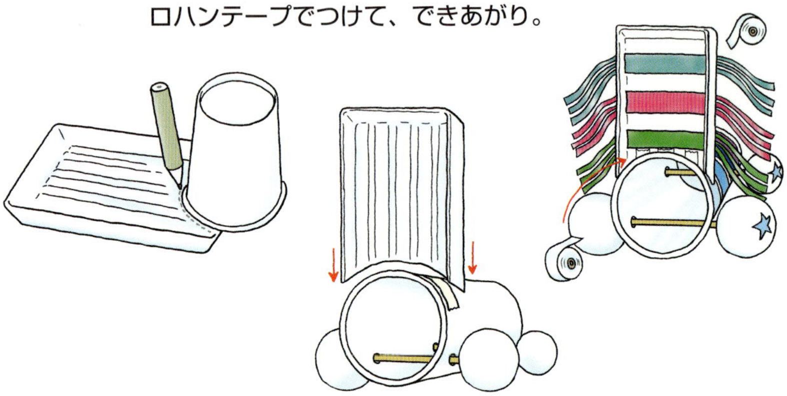

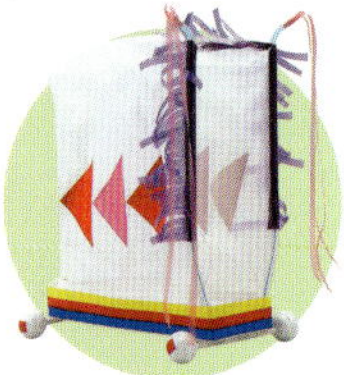

●レジ袋自動車

1 牛乳パックを図のように切り取る。適当な長さに切ったストローに竹串を通し、その両端にスチロール球を刺す。この車輪ユニットを2つ作り、セロハンテープなどでしっかり底面に固定する。

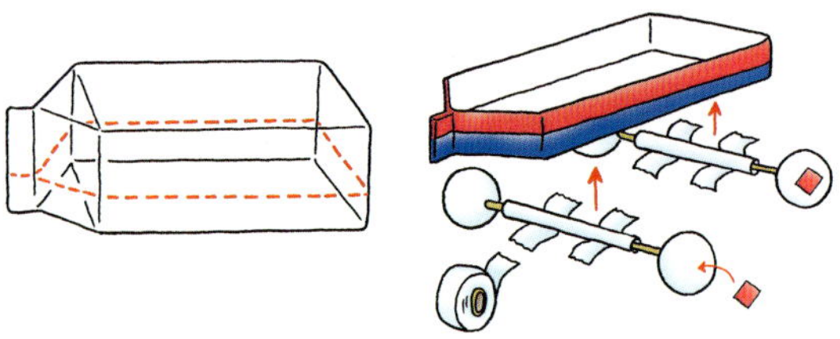

2 レジ用ポリ袋の持ち手を切り取り、口の縁にストローをセロハンテープでつける。2本のストローが左右の角につくように立たせ、両面テープでしっかり車体にはりつける。好みで飾りのリボンをつける。

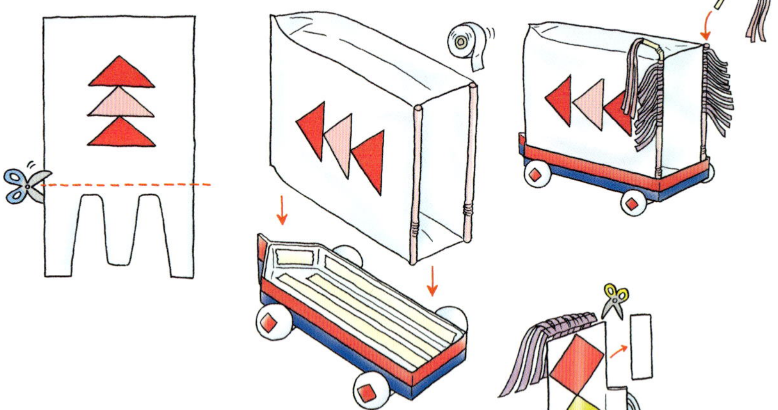

●牛乳パック自動車

1 牛乳パックに図のような切り込みを入れて、その部分を上に開き、帆が倒れないようにセロハンテープで留める。

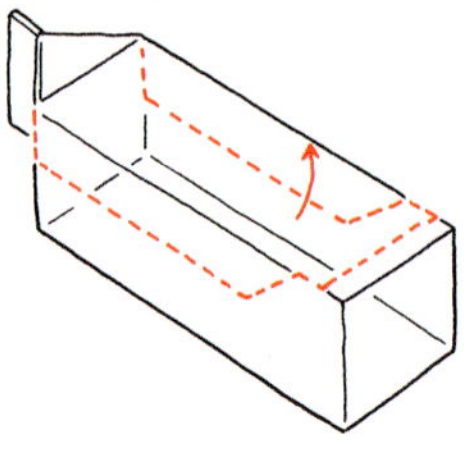

2 レジ袋自動車と同じ車輪ユニットを2つ作り、牛乳パックの底面にセロハンテープなどでしっかり固定する。好みで細く裂いたスズランテープをつけて、できあがり。

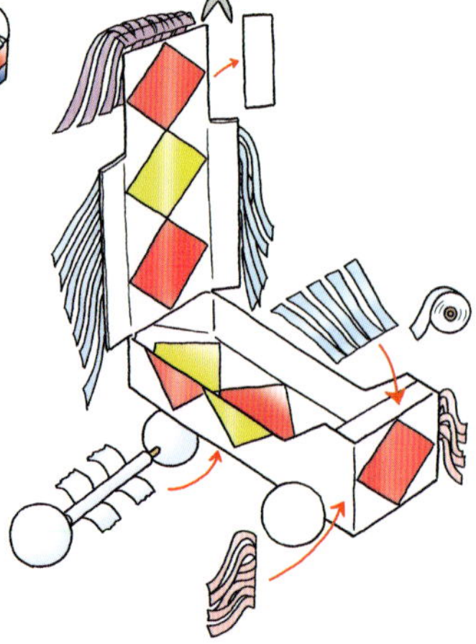

風採りフラッグの作り方

材料

手に持ちやすい太さの棒２本
ポリ袋（30リットルくらいの大きさ）
リング（単語帳などを閉じるもの）
たこ糸

道具

はさみ
セロハンテープ
ビニールテープ
フェルトペン

1 ポリ袋を切って１枚のシートにし、好きな絵柄をフェルトペンで描く。上にする方の端で棒をくるみ、セロハンテープでしっかり留める。

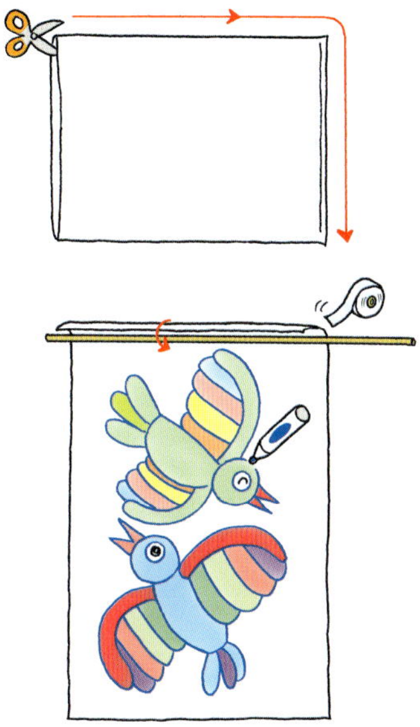

2 たこ糸を棒の端に巻きつけて、結んで留める。もう一方の端から、リングを通しておく。棒の両端にはビニールテープを数回巻きつけて、糸がずれないようにしておく。

3 1のシートの角で、図のようにリングの一部を包むようにして、セロハンテープで留める。たこ糸の端をもう１本の棒に数回巻き付け、2と同じようにビニールテープを巻いておく。

風を探して、風の方向に旗を向けると、旗が膨らんでリングが上に上がります。リングがたこ糸のどのあたりまで動いたかで、風力の目安にするとおもしろい。

風を探そう！

空気が動くと風になります。園の庭などでも、ちょっとした温度差などが原因で、いろいろなところで空気の流れができています。風採りフラッグで遊ぶために、まずは園庭で風を探しましょう。方法はかんたん。広告紙などを細く巻いた棒の先に細く裂いたスズランテープなどをつけ、さまざまな方向や高さに向けてみるだけ。テープがなびいたら、そこは風の通り道です。地面のすぐ上にも空気の流れがあったり、いろいろな発見があることでしょう。

風で遊ぼう！

こいのぼりバルーン

ふつうのこいのぼりは、中を風が通ることで泳ぎます。
この風船型のこいのぼりは、体の回りに空気の流れの渦ができて、それでふわふわ泳ぎます。
風の吹き方によっては、激しい動きをすることもあります。

風が強いと、
踊るように泳ぎます。
外れて飛んで
いかないように、
要注意。

風で遊ぼう！

おもしろモビール

それぞれの紙皿が少しずつ違う動きをするのが
おもしろい、ゆらゆらモビールです。
紙筒で作ったドラゴンは、あっちへクネクネ、
こっちへクネクネ。
どちらへ向くかは風まかせです。

左向きのまま、
体を揺らしている。

風向きが変わると、
ユニークな顔が
こっちを向く。

こいのぼりバルーンの作り方

材料

カラーポリ袋
45リットル　4枚
30リットル　3枚
スズランテープ
色画用紙

道具

はさみ
セロハンテープ
ロープ

1 ポリ袋３枚の底を切り、筒形にする。４枚すべてをつなぎ、１本の長い袋にする。つなぎ目は両面テープなどで留める。空気がもれないように、隅々までしっかりはり合わせる。

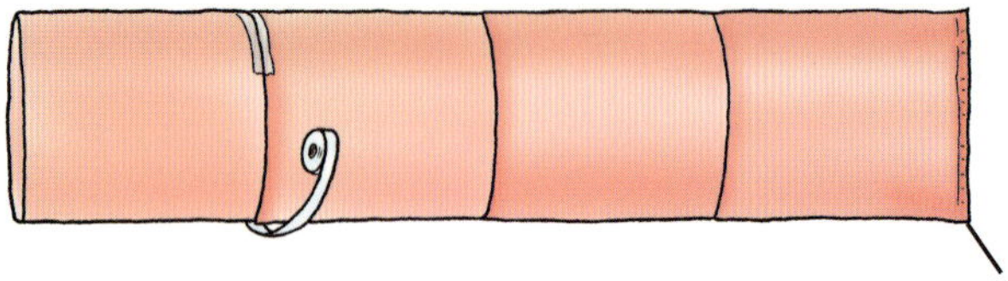

2 色画用紙で目玉や口を作り、両面テープではりつける。スズランテープを裂いたものを、テープで胴体にはりつける。

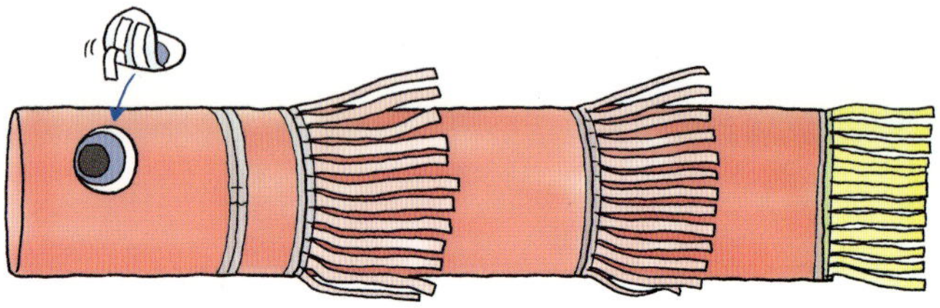

3 口から扇風機などを使って風を送り、十分に膨らませる。

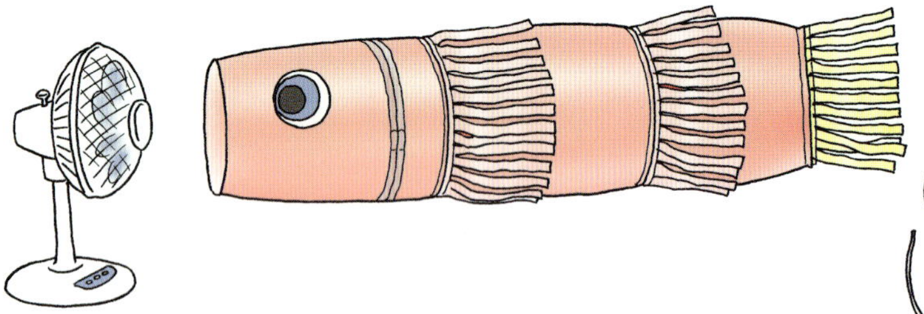

4 十分に空気が入ったら口をぎゅっとしばり、細いロープなどをつけて竿につける。

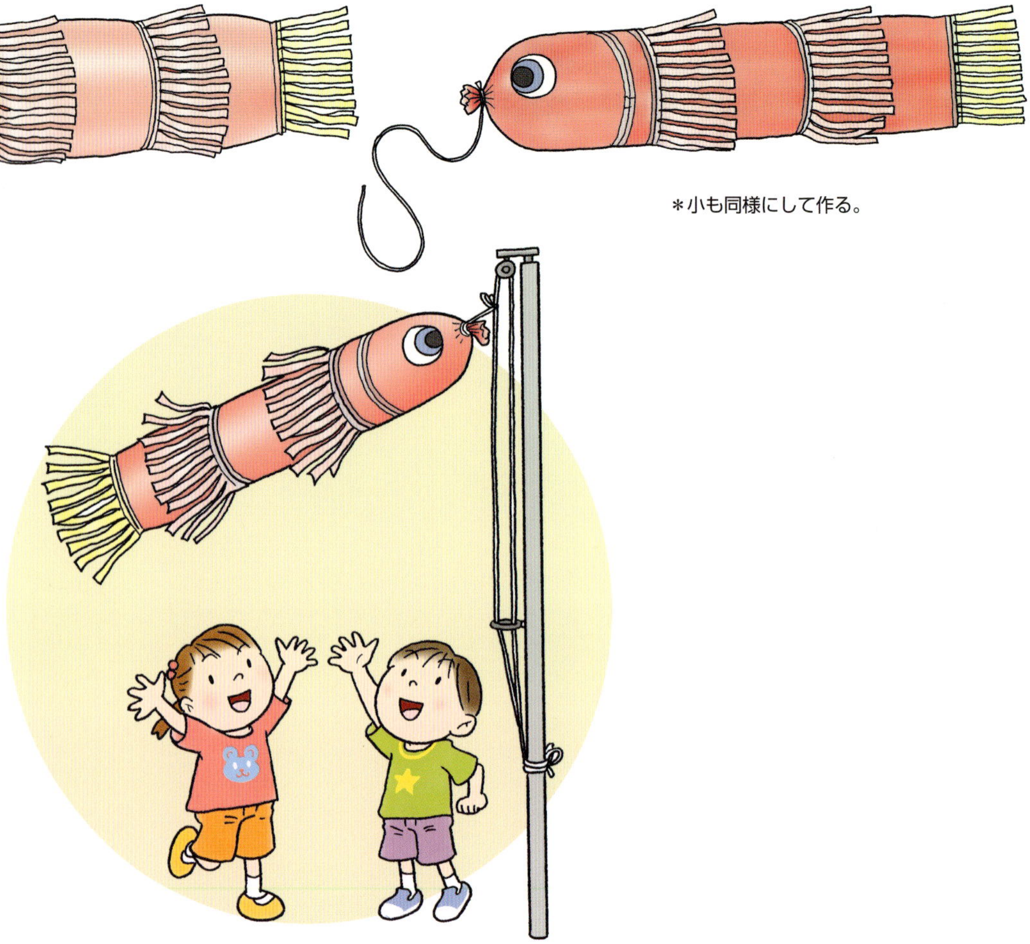

＊小も同様にして作る。

おもしろモビールの作り方

材料

●ゆらゆらハンガーモビール
針金ハンガー３つ
紙皿９枚
たこ糸
色画用紙

●くねくねドラゴンモビール
針金ハンガー
割りばし
スナック菓子などの円筒形容器
牛乳パック（500ミリリットル）
色画用紙
発泡スチロールの球（目玉用）
たこ糸

道具

はさみ
カッター
セロハンテープ
両面テープ
フェルトペン

●ゆらゆらハンガーモビール

1 紙皿３枚に好きな絵や模様を描いて、そのうち１枚を、針金ハンガーに図のようにテープで固定する。

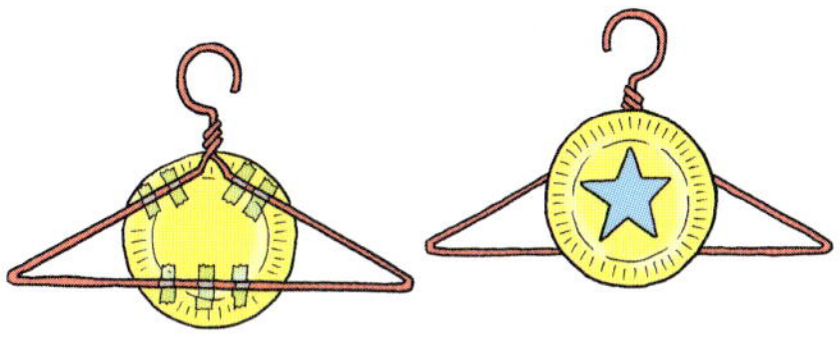

2 残りの２枚には穴をあけてたこ糸を通し、針金ハンガーに結んでつける。左右にずれないように、数回巻きつけてしっかり結ぶ。このハンガーを全部で３つ作る。

3 １つのハンガーに図のようにたこ糸を輪にしてつけ、残りのハンガーをつり下げる。糸が左右にずれないように、数回巻きつけてしっかり留める。

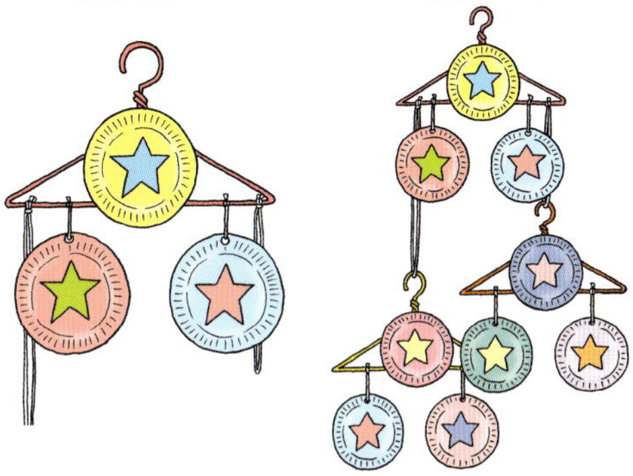

●くねくねドラゴンモビール

1 割りばしを適当な長さに切り、両端にたこ糸をつけておく。針金ハンガーには、図のようにたこ糸を３本つけておく。そのうち２本に、用意した割りばしを図のように結びつける。

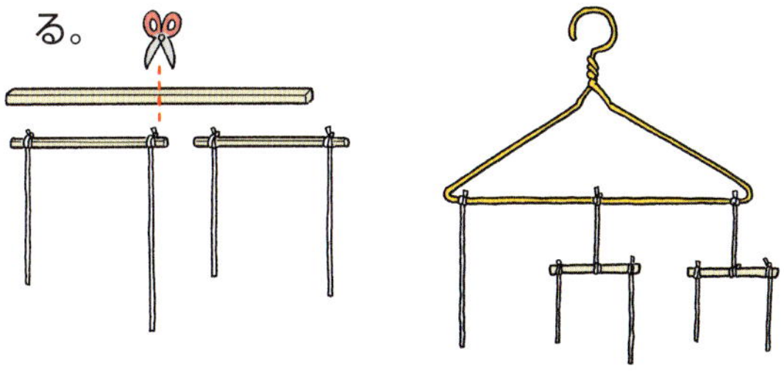

2 ドラゴンの頭は、500ミリリットルの牛乳パックに図のような切り込みを入れて下あごを開く。発泡スチロールの球を半分に切って目玉を作り、ひげやひれなどとともに両面テープでつける。

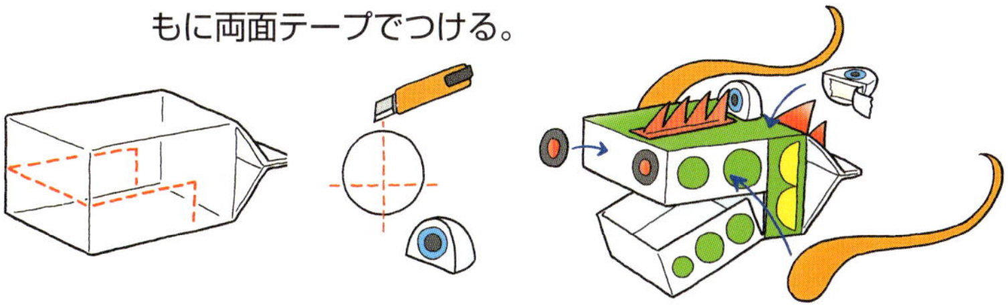

3 ドラゴンの体は、スナック菓子などの円筒形容器の底をとって４つに切り、色画用紙などを側面にはりつける。背びれ、手足、しっぽなどを作り、それぞれセロハンテープなどでつける。

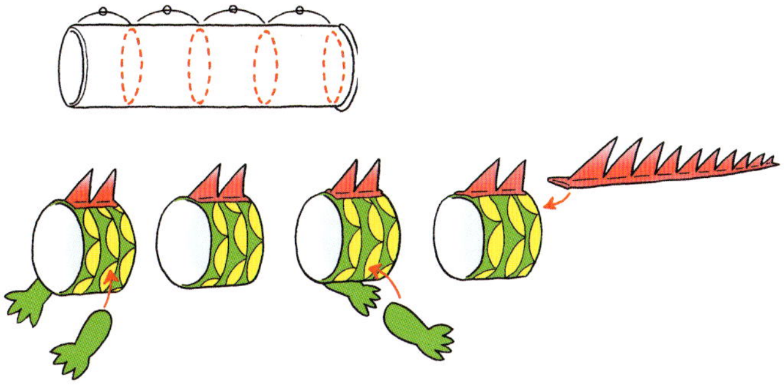

4 色画用紙で雲を作り、セロハンテープでハンガーにはりつける。３のドラゴンを、図のようにたこ糸の先につける。

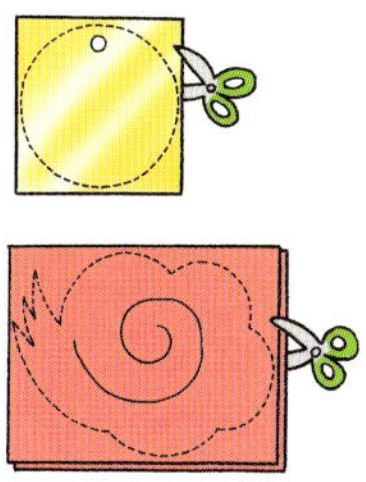

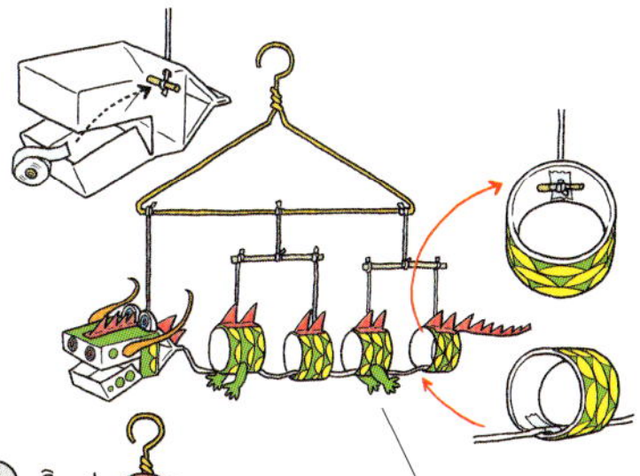

頭、胴体のパーツを１つずつたこ糸でつなぐ。動きやすいように、たこ糸は長めに。

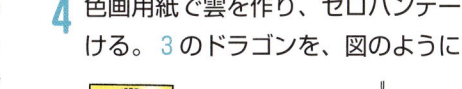

おもしろ実験

うちわで競争！空気入れ

くったりと床につぶれているネコ型バルーンを、
うちわであおいでふくらませます。
どっちが速くネコを起き上がらせることができるかな？

それ〜っ！
縦にあおぐと、
いっぱい入る！
もう一息だっ！

おもしろ実験

風のドームで遊ぼう

ドームの中をパタパタと舞う紙吹雪。
ドライヤーが吹き出す空気が、ドームの中でどんな風に
渦巻くでしょうか？

傾け方によっては、
あまり舞い上がらない
こともある。

うまく渦をキャッチ！
たくさん
舞い上がっている。

うちわで競争！空気入れの作り方

材料

ポリ袋（45リットル）
5枚
色画用紙
段ボール

道具

はさみ
両面テープ
布粘着テープ（カラー）
セロハンテープ
フェルトペン

1 ポリ袋の底を切り、図のように5枚を両面テープなどでつなぎ、長い筒状にする。空気がもれないように、しっかりとはり合わせること。

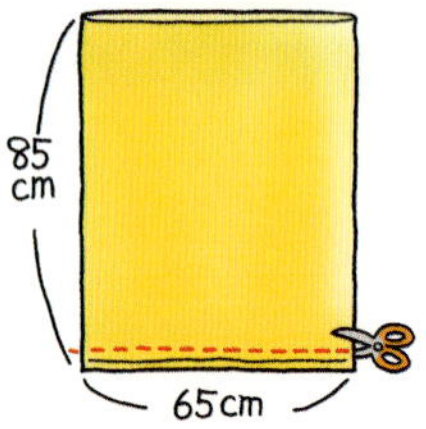

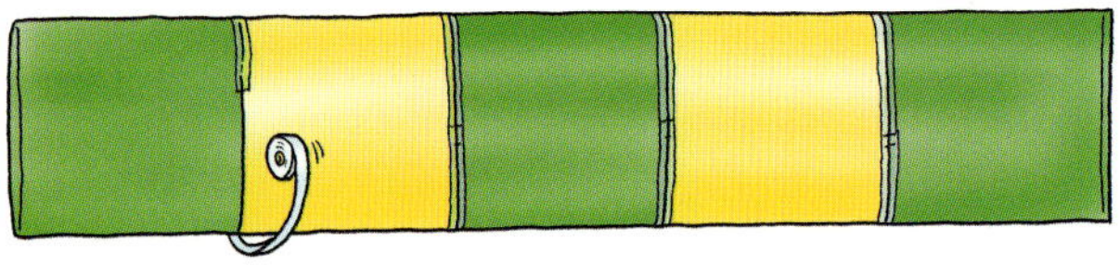

2 直角に起こすために、あらかじめ段ボールなどで図のような大きさの三角定規を作っておく、それをネコの首にしたい部分にあてて、AとBの三角をフェルトペンで描く。Bの三角の中に両面テープを数枚つけておき、AとBがきれいに重なるように筒を折りたたみ、重なった部分を両面テープでしっかりつけておく。上から布粘着テープで留めるとさらによい。

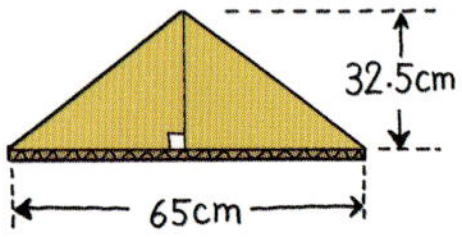

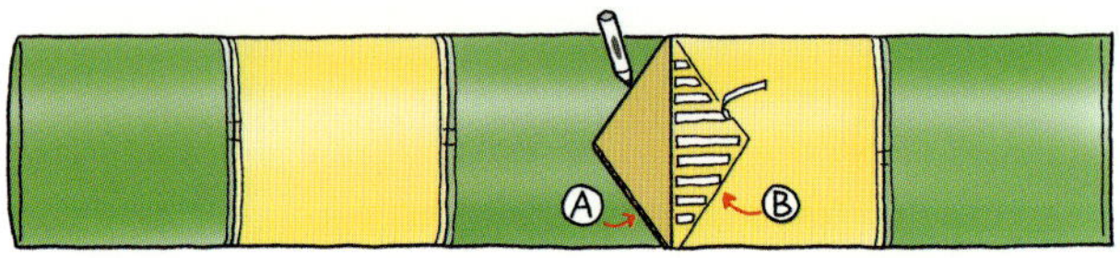

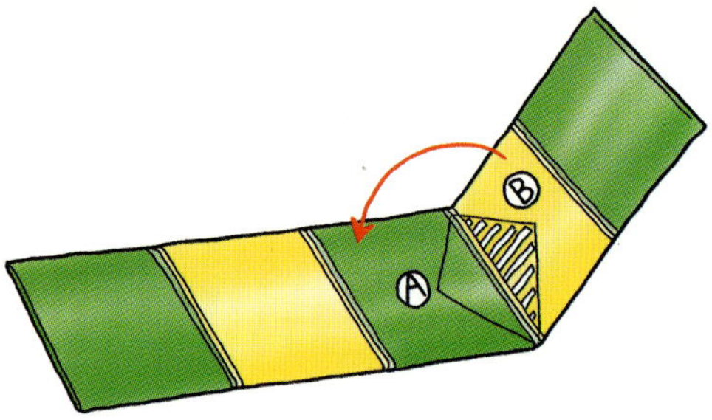

3 ネコの耳にする部分は、端を適当に裏へ折り、たたんだ部分の真ん中を図のように布粘着テープで留めておく。ネコの目や鼻は、フェルトペンで描くか、色画用紙などを切ってつけておく。

4 空気の送り込み口には、筒型に開いたままの段ボールをはめて、布粘着テープでしっかりはりつける。しっかり自立するように、細長く切った板ダンボールを図のように曲げて、送り込み口の左右に支えとしてつける。

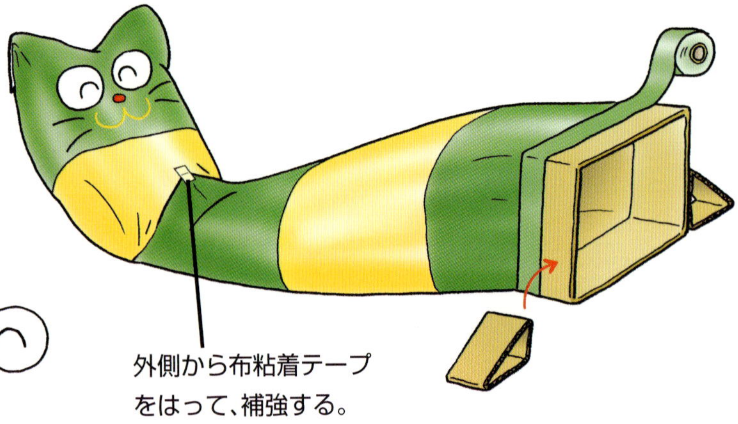

風のドームの作り方

材料

箱（ドライヤーがちょうど入るくらいの大きさのもの）
スポンジ
板段ボール
網（台所のゴミ用か、または果物のネットなど）
色紙やお花紙
ポリ袋

道具

はさみ
両面テープ
セロハンテープ
接着剤

1 ドライヤーがぴったり入る適当な大きさの箱を用意して、図のように取っ手が入る部分を切り取る。ドライヤーがぐらぐらしないように、切ったスポンジを箱の内側に図のように接着剤ではりつける。

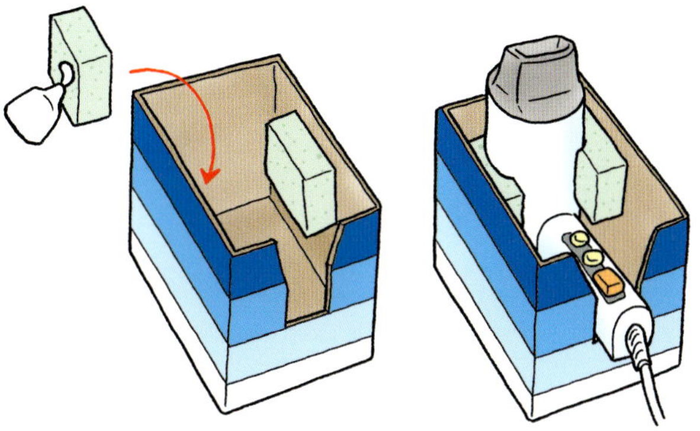

2 板段ボールをルーペ形に切り取る。同じものを2枚作っておく。穴の大きさに合わせて切った網を2枚の間に挟むようにして、両面テープなどでしっかり固定する。2枚の段ボールもはり合わせる。

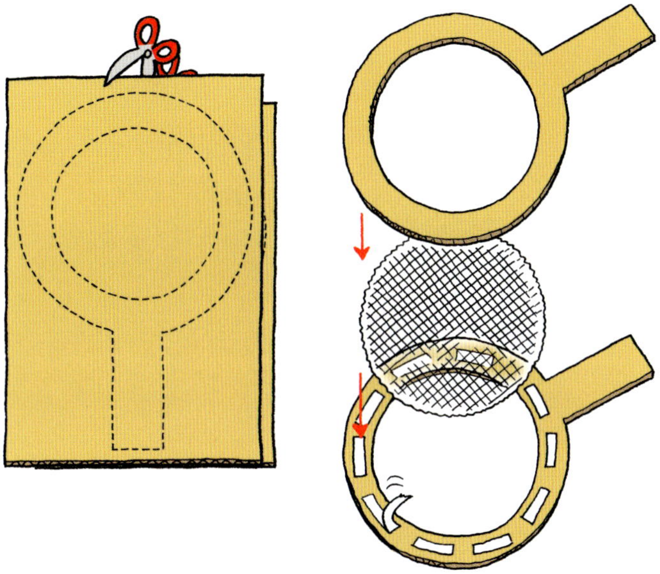

3 ポリ袋を2にかぶせ、2の裏面にセロハンテープではりつける。はりつけたら、角を少し切って、そこから細かく切った色紙やお花紙を入れ、入れ終わったら折り返してセロハンテープではり、口を閉じておく。

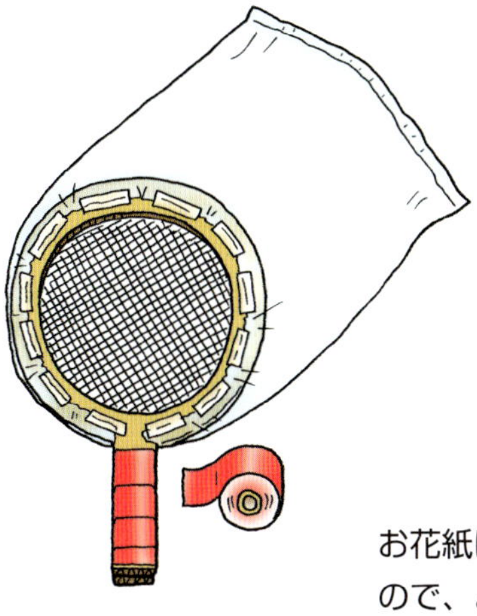

お花紙は色紙より軽いので、よりたくさん舞い上がります。

空気を飛ばそう！

ポリ袋空気砲

ポリ袋をたたくと、紙コップのロケットが
すごいスピードで飛び出します。
目には見えないけれど、
確かに空気の玉は飛び出しているのです。

じゃあ、
いくよ……

封筒グライダーは、
うまく飛ばすと
滑空するよ。

空気を飛ばそう！

ペットボトル空気砲

空気砲の第２弾は、ペットボトルを利用します。
コンパクトに空気を打ち出すのは、風船タイプ。
打ち出す力が強いのは、紙筒タイプです。

風船の膜を
引っぱって、
手を放すと
発射される。

倒れると点数が
わかる的を
作っておくと、
楽しい。

両手で
パン！

空気を飛ばそう！

段ボール空気砲

ご存知、段ボールの空気砲です。
段ボール箱に穴をあけただけで、
ゆかいなおもちゃに変身します。

上向きに
使うときは、
回転ロケットを
飛ばす。

回転ロケット

紙コップロケット

横向きに
使うときは、
シンプルな
紙コップロケット。

ポリ袋空気砲の作り方

材料

ポリ袋
（30cm × 40cm くらいのもの）
ラップのしんなどの紙筒
輪ゴム
紙コップ
封筒
クリップ
スズランテープ

道具

セロハンテープ
ビニールテープ
はさみ
フェルトペン

1 輪ゴム１つを二重にしてポリ袋の口にかけ、その中に紙筒を通す。

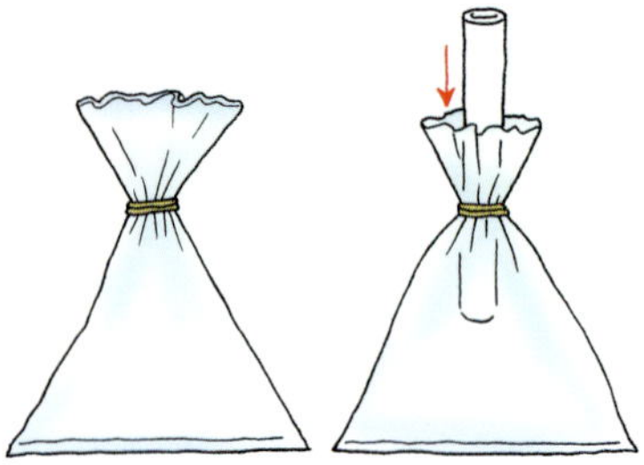

2 ポリ袋の底の両端を三角に折上げ、テープで留める。四角くなった底を、図のようにビニールテープではって補強しておく。

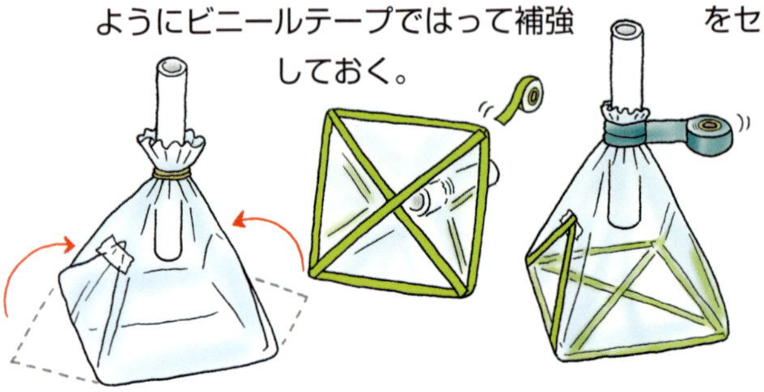

3 小さめの紙コップに好きな絵や模様を描き、細く裂いたスズランテープをセロハンテープでつける。

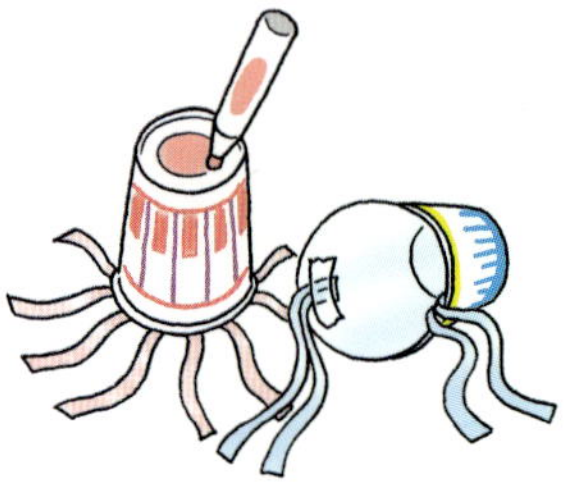

4 封筒ロケットは、封筒の角を図のように折ってセロハンテープで留め、真ん中にクリップを２、３個留めておもりにする。フェルトペンでロケットの窓などを描く。

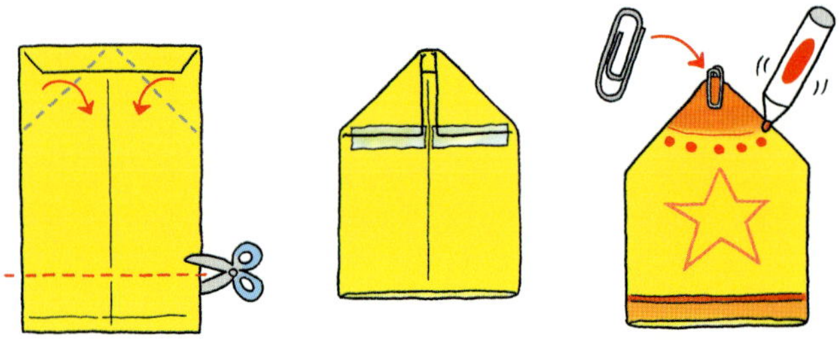

段ボール空気砲の作り方

材料

段ボール
紙コップ
スズランテープなど

道具

はさみ
布粘着テープ
セロハンテープ
フェルトペン

1 段ボールは、布粘着テープを図のようにはり、補強しながらしっかり閉じておく。
側面に、紙コップの大きさに合わせた穴をあける。

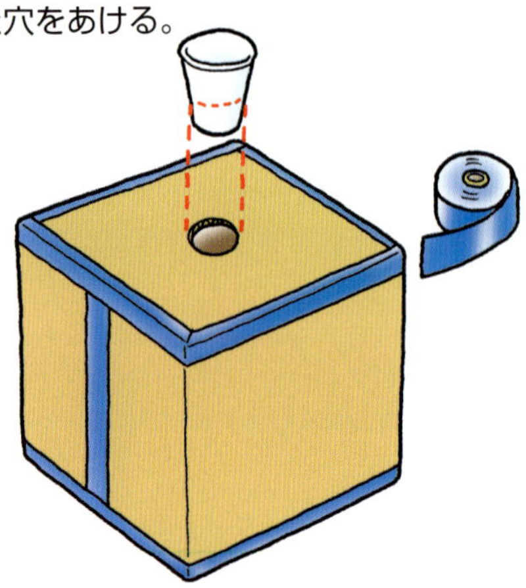

2 縦置き用のロケットは、紙コップに図のような斜めの切り込みを入れ、折り曲げておく。

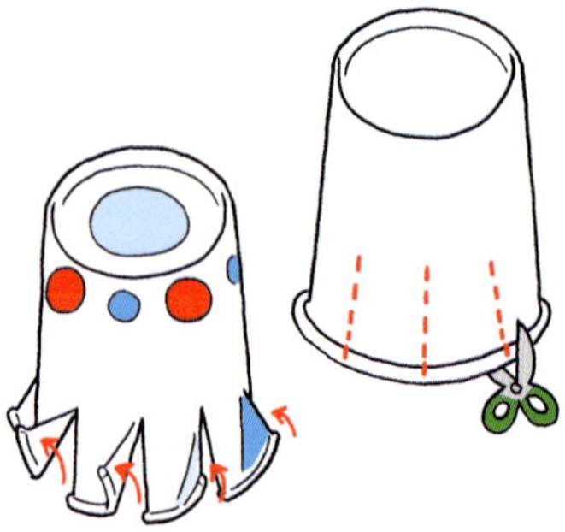

3 横置き用のロケットは、紙コップの底に細く裂いたスズランテープなどをセロハンテープでつける。

ペットボトル空気砲の作り方

材料

ペットボトル（2リットルの角形、500ミリリットルの円形1つずつ）
画用紙
ティッシュ、お花紙
ゴム風船
飾り用のテープ

道具

ビニールテープ
はさみ
フェルトペン

●ペットボトル空気砲（風船タイプ）

1 500ミリリットルのペットボトルの底を切り取る。

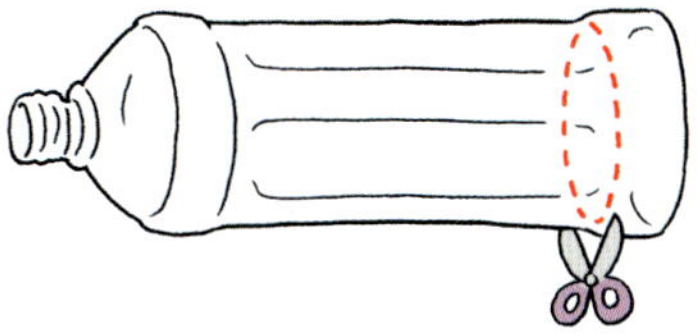

2 ゴム風船を図のように切って、1にビニールテープでしっかりつける。

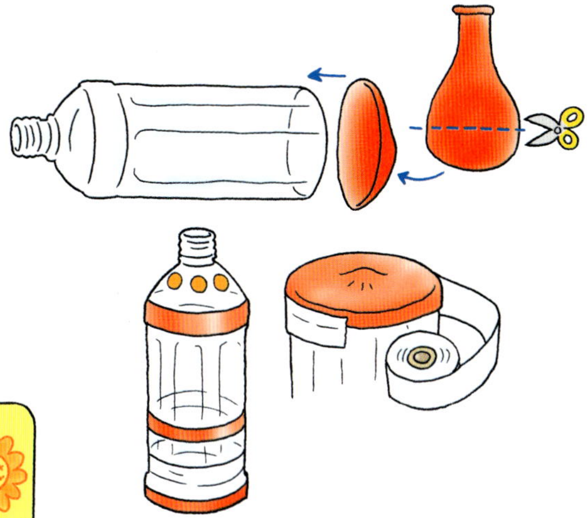

3 色画用紙で的を作って、できあがり。

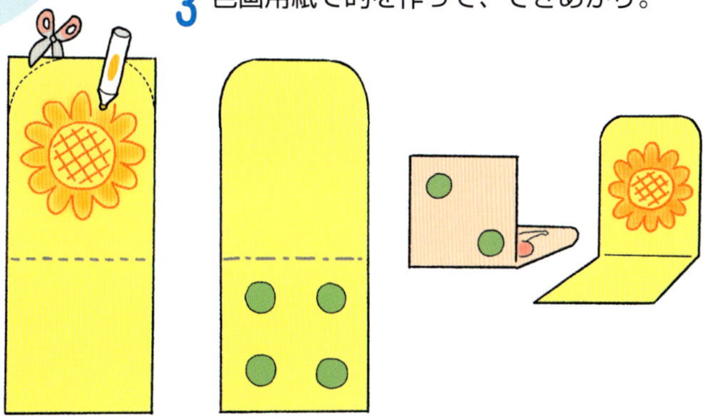

●ペットボトル空気砲（紙筒タイプ）

1 2リットルの角形のペットボトルの口に合わせ、画用紙で筒を作り、差し込む。ビニールテープでしっかり固定しておく。

2 玉は、ティッシュを軽く丸めて、筒の中に入れる。お花紙で作って細いテープなどをつけると、花火のように上がるので、きれい。

空気を飛ばそう！

ストロー吹き矢

ストローの吹き矢を、息を強く吹き出して飛ばします。
ねらうは、牛乳パックや紙筒の的。うまく入れることができるかな？

吹き矢の先は
折り曲げておく。
羽をつけたり、
いろいろ変化を
つけてみよう。

ラップのしんや
牛乳パックを
はりつけた的。

空気を飛ばそう！

ペンシルバルーンロケット

すっかりおなじみになった、ペンシルバルーン。
ビニールテープで補強すると、まっすぐによく飛びます。
的をねらったり、飛距離を競ったり、いろいろ遊んでみてください。

ペンなどを
おしりに
差し込む。

構えて……

ぱっと
放すと、
勢いよく
飛ぶ。

ストロー吹き矢の作り方

材料

太めのストロー
細めのストロー（曲げられるもの）
紙、キラキラ光るテープ
ティッシュペーパー
飾り用のテープなど
箱、色画用紙
牛乳パックなど

道具

セロハンテープ
ビニールテープ
はさみ
木工用の接着剤

1 吹き矢は、細いストローが矢になり、太いストローは発射のための矢筒になる。

細いストローの先を折り曲げてビニールテープで留めて、できあがり。

2 矢のバリエーションとして、次のようなものがある。

●当たっても痛くない矢
先に小さく切ったティッシュペーパーを巻いて、セロハンテープで留める。

●回転する矢
先に細く切った画用紙などを挟み、指で反らせる。

●キラキラ飛ぶ矢
先に、キラキラ光るテープを、セロハンテープではりつける。

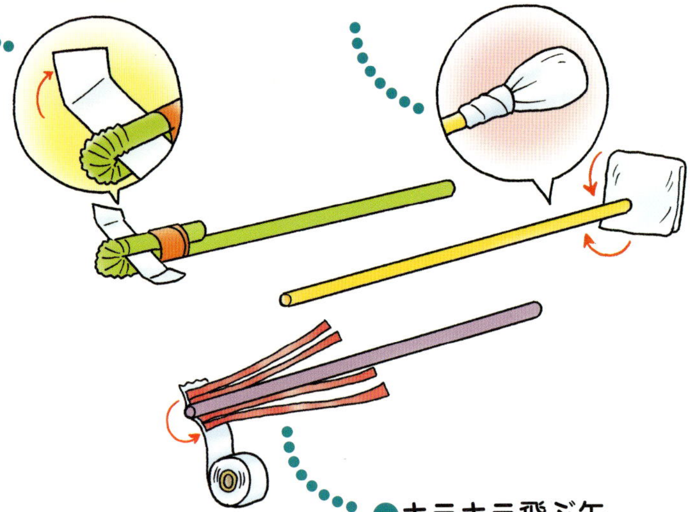

3 太い方のストローに矢を差し込み、息を強く吹き出して飛ばす。

4 的にするラップのしんなどの筒や牛乳パックを、適当な長さに切る。

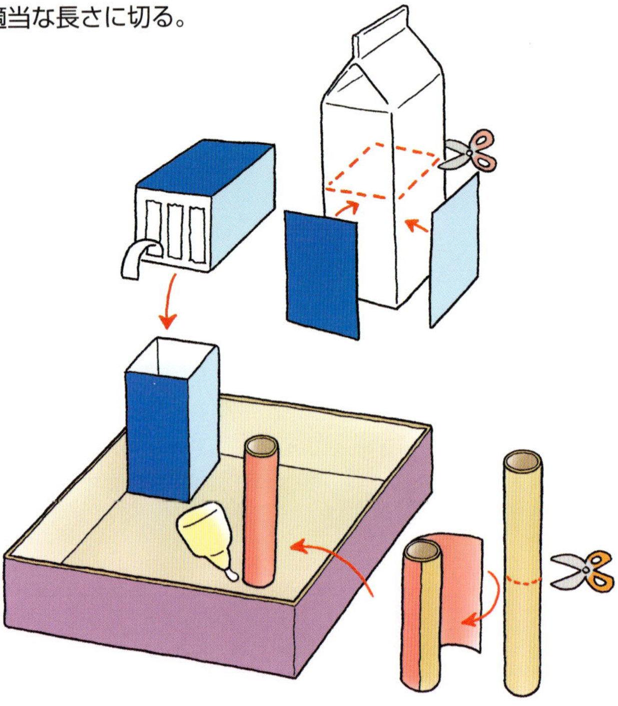

5 適当な大きさの箱に 4 を固定する。牛乳パックは、底に両面テープをはって固定、紙筒は、固定する位置に立てて、木工用の接着剤を多めに流し込んで乾かす。

ペンシルバルーンロケットの作り方

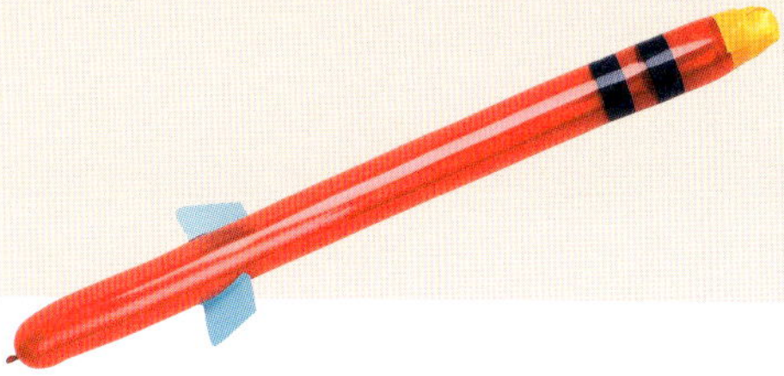

材料

ペンシルバルーン
画用紙

道具

ビニールテープ
両面テープ
細めのフェルトペン
（発射用）
はさみ

1 ペンシルバルーンは、あまり長いと曲がってしまうので、適当な長さで結び、切っておく。空気を入れて膨らませ、口を結んで閉じる。

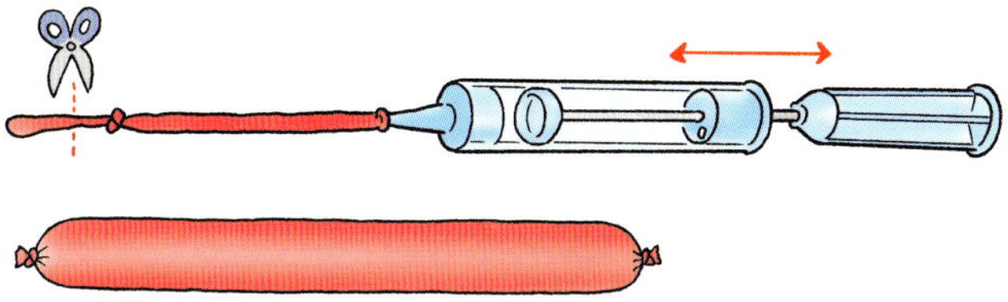

2 結んだ口をまとめるように、ビニールテープで先端を数回巻きつける。これがおもりとなって、飛びやすくなる。

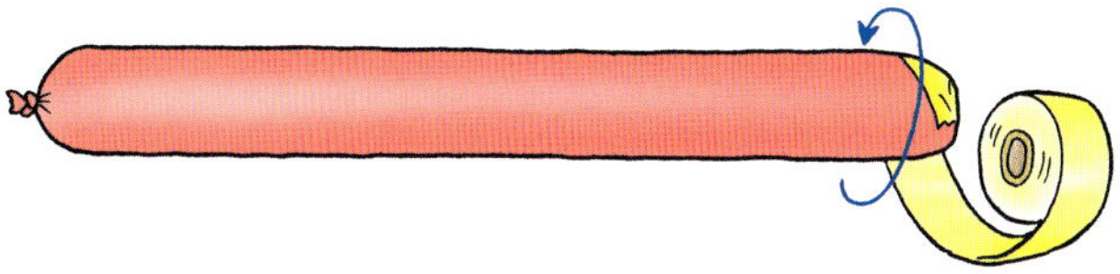

3 画用紙などで作った羽を両面テープで斜めにつけると、回転して飛ぶようになる。また、胴体にもビニールテープを巻いておくと、風船が曲がりにくくなって飛びやすくなる。

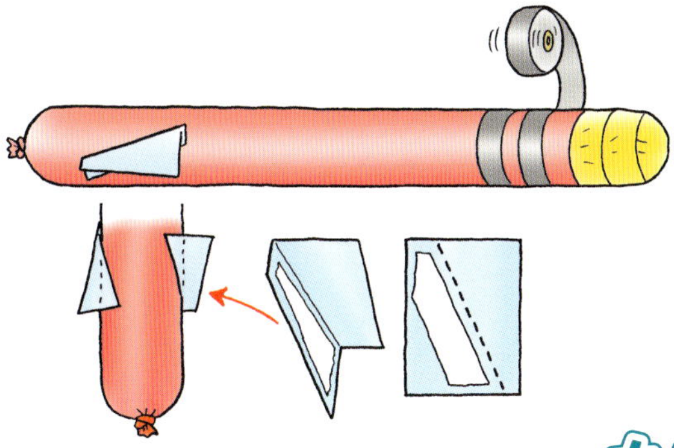

4 フラフープなどの枠に、布粘着テープなどで格子の的を作り、それをくぐらせるように飛ばすとおもしろい。

ためしてみよう!

ペンシルバルーン電話

紙コップの底に十字の切り込みを入れておき、ペンシルバルーンをそこから差し込みます。ペンシルバルーンの両端に紙コップをつけると、そのまま糸電話ならぬ、「ペンシルバルーン電話」の完成です。
声がペンシルバルーンのゴムの膜を震わせ、同時にバルーンの中の空気も震えて音が伝わります。

バルーンを２本用意し、真ん中でひねって十字につなぐと、４人で同時通話も可能です。

吹き出す空気で遊ぼう！

ブーブーメガホン

膨らませた風船に、
ペットボトルで作ったメガホンをつけると……？
とても不思議な音がします。
風船のゴムを震わせた音が、メガホンで大きな音になって
飛び出します。

ペットボトルにはめこんだ風船の吹き出し口の部分を引っ張ったりねじったりすると、音色に変化が出て、いっそう不思議。どんな音が出るのか、さあ、チャレンジ！

吹き出す空気で遊ぼう！

クルクル UFO

膨らませた風船を UFO に乗せると、空気を吹き出しながらクルクル回ります。
しぼむにつれて回転が早くなり、最後に風船がぽんっ！と
UFO から飛び出すこともあります。

まだまだ元気に
回ってるね

ブーブーメガホンの作り方

材料

ペットボトル（1.5リットルと500ミリリットルの円筒形のもの）、1リットルの牛乳パック
板段ボール、色画用紙
風船、電池等おもりになるもの

道具

はさみ
ビニールテープ
木工用の接着剤
セロハンテープ

1 ペットボトルは図のように切り、切り口をビニールテープでくるんでおく。

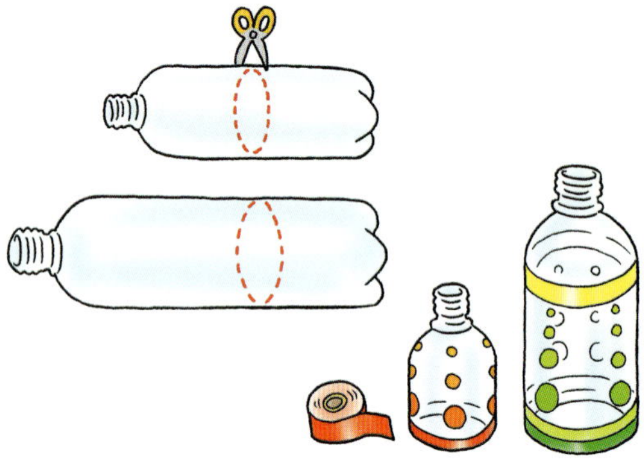

2 1.5 リットルのメガホン用の台を作る。

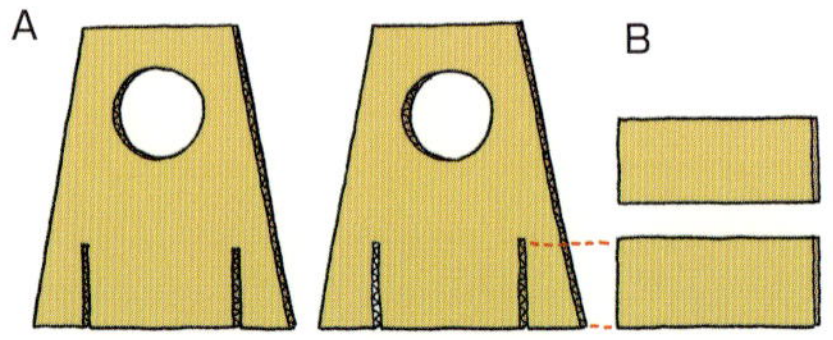

板段ボールは、台形２枚 A と長方形２枚 B を切って作る。Aには、ペットボトルに合わせた大きさの穴をあけておき、Bを差し込むための切り込みを入れておく。

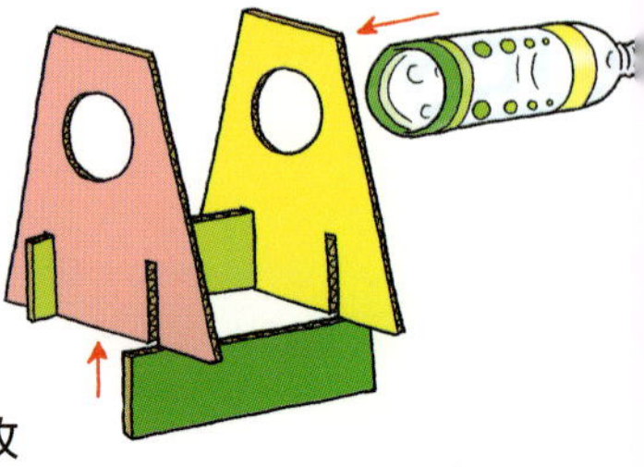

AとBを組み合わせ、ペットボトルを差し込む。

3 500 ミリリットルのメガホン用の台を作る。

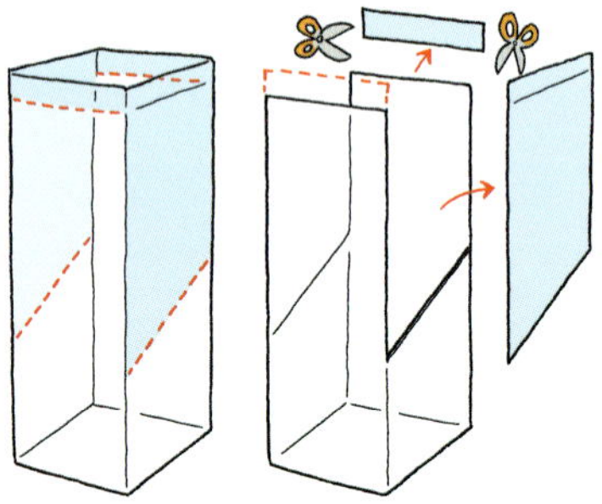

１リットルの牛乳パックの水色部分を切り取る。

4 中におもりとなる単一の乾電池を２～３つ入れ、図のようにふたをしてセロハンテープなどで固定する。ペットボトルの大きさに合わせた穴をあける。

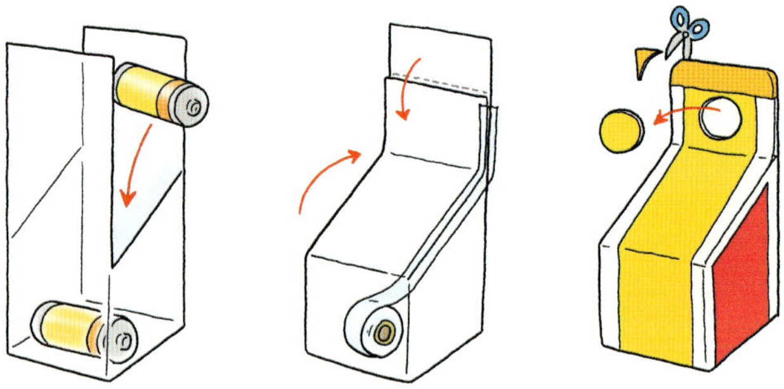

5 風船を膨らませ、口をひねって空気がもれないようにしたまま、メガホンの口に風船をセットする。

6 図のように風船の口を引っ張ったりゆるめたりしながら空気を出していくと、いろいろな音が出る。

クルクル UFO の作り方

材料

ストロー（曲げられるもの）
風船
紙皿
ビー玉
画用紙

道具

はさみ
セロハンテープ
両面テープ

1 風船に差し込むストローを作る。一番かんたんな作り方は、風船の吹き入れ口の固い部分を切り取り、ストローを差し込んでセロハンテープでぐるぐる巻いて留める方法。

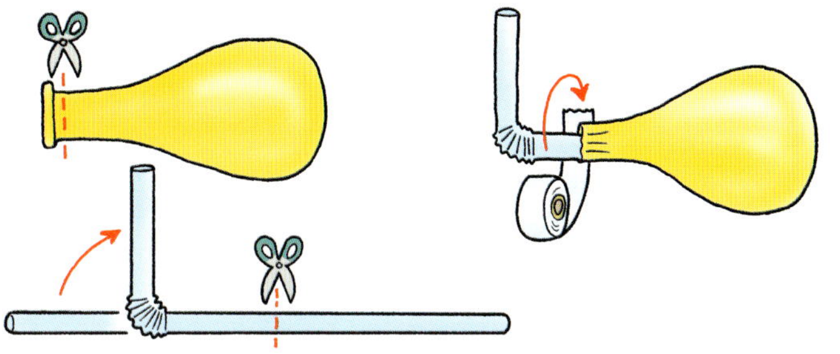

もう一つは、ビニールテープをストローにぐるぐる巻きにし、風船の口の内径に合わせる。ちょうどいい太さになったところで吹き入れの口の固い部分を残したままはめる。このストローを使うと、風船が割れても替えがきくので、便利。

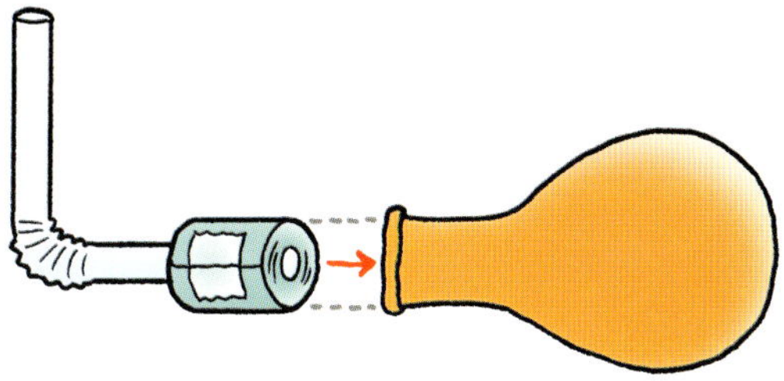

2 UFO は、紙皿の裏面中央にビー玉をセロハンテープで固定する。表には好きな模様をつけ、中央に風船をつけるための両面テープをつけておく。

3 ストローから息を吹き込んで膨らませた風船を、空気がもれないようにストローを指でふさぎながら、2 の両面テープに軽く押しつけてくっつける。手を放すと、くるくる回る。

かんたん風船 UFO

ストローをつけた風船の真ん中に糸をセロハンテープでつけ、手に持ってつるしてみましょう。膨らませた風船は、ストローから空気を吹き出しながら、くるくる回ります。

吹き出す空気で遊ぼう！

風船自動車

ストローから息を吹き込んで、
風船を膨らませたら、1、2の3でスタート！
風船の数や大きさで、どんなふうに変わるかな？

ドーム型風船号

ボウル型容器に風船を積んだ車

トレー型風船号

薄型トレーに風船を積んだ車

W 風船号

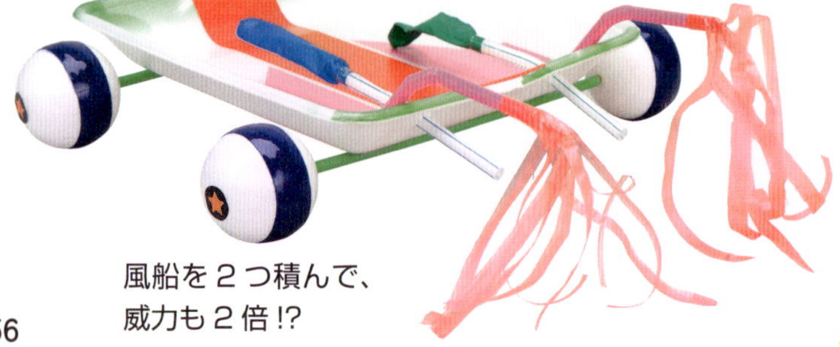

風船を２つ積んで、威力も２倍!?

吹き出す空気で遊ぼう！

ストロー糸回し

ストローに息を吹き込むと、
糸の輪がストローの中に吸い込まれては
出て行きながら、ぐるぐる回ります。
「ストロー鉄砲」や「吹き上げパイプ」の名前でも、
親しまれています。

まるで生き物の
ように動く糸。
空中でいろいろな
形になります。

糸が生きてる
みたいだ…

羽みたいな
形になっちゃった

ちょっと
一休み

風船自動車の作り方

材料

発泡スチロールのトレー
果物などが入っている
ボウル形の容器
ストロー（曲げられるもの）
風船
竹串
スチロール球
スズランテープ

道具

はさみ
セロハンテープ

●トレー型風船号
W 風船号

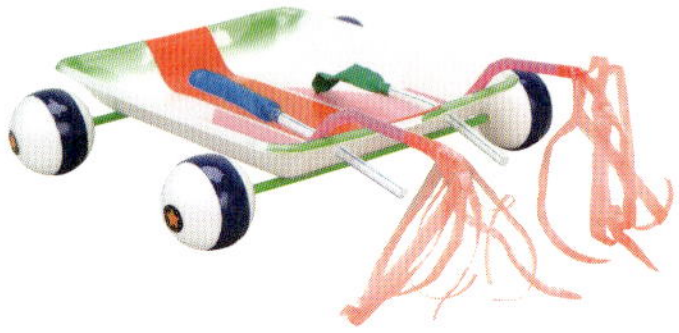

1 トレーの幅に合わせてストローを切り、トレーの裏面にセロハンテープではりつける。

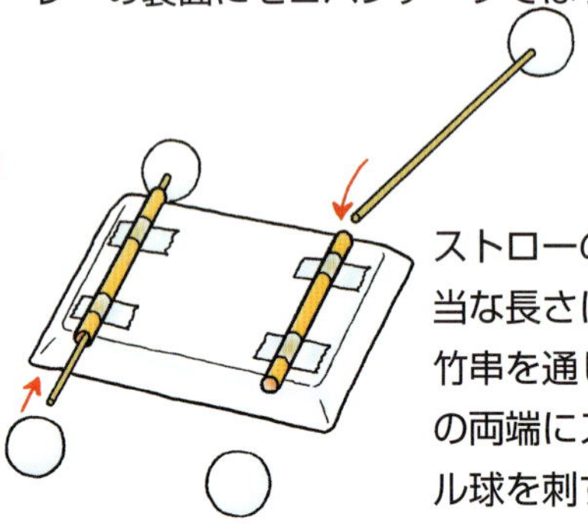

ストローの中に適当な長さに切った竹串を通し、竹串の両端にスチロール球を刺す。

2 曲がるストローを図のように切る。風船の吹き込み口の固い部分を切り取り、ストローを差し込み、セロハンテープで空気がもれないようにしっかり留める。

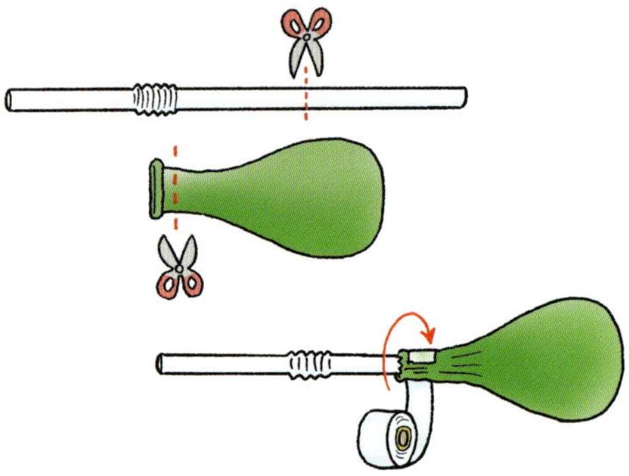

3 トレーにストローが通るくらいの穴をあけ、そこにストローを図のように差し込む。ストローから出る空気が、床に当たるような向きにセッティングする。風船を 2 つにすると、より速く進む。

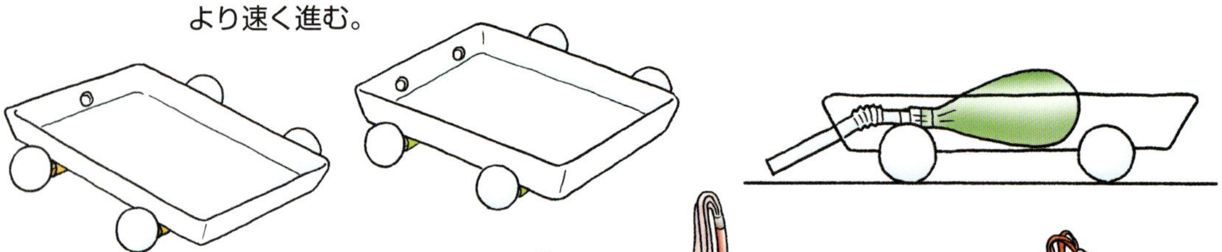

4 細いストローやスズランテープを図のようにセロハンテープでつける。

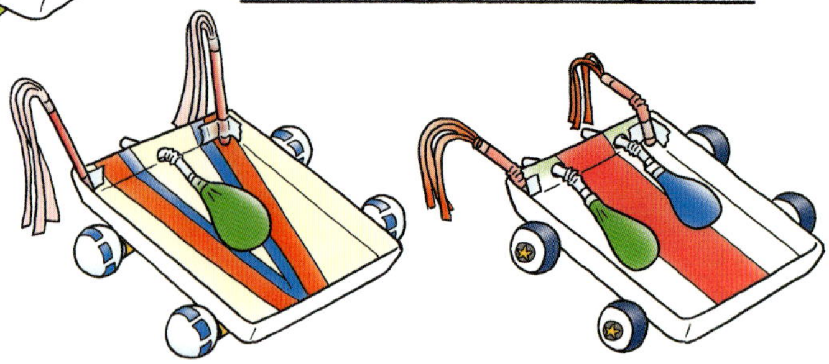

トレーの側面に 1 m ほどの糸をつけてペットボトルに結びつけると、ペットボトルの回りをくるくる回る。

●ドーム型風船号

1 容器に図のように、ストローが通るくらいの穴を4つあけ、ストローを通す。ストローの中に竹串を通し、その両端にスチロール球を刺す。

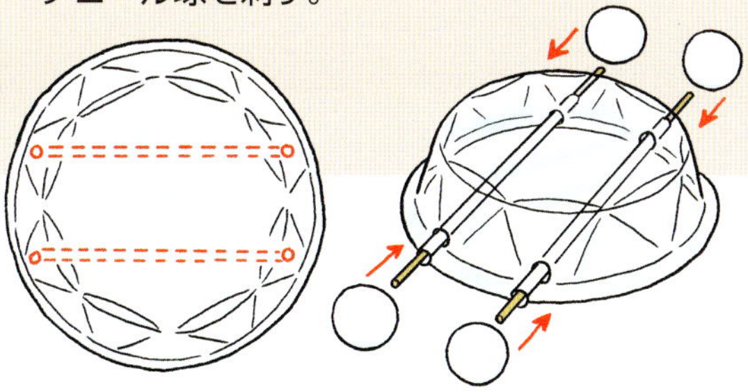

2 曲がるストローを図のように切る。風船の吹き込み口の固い部分を切り取り、ストローを差し込み、セロハンテープで空気がもれないようにしっかり留める。

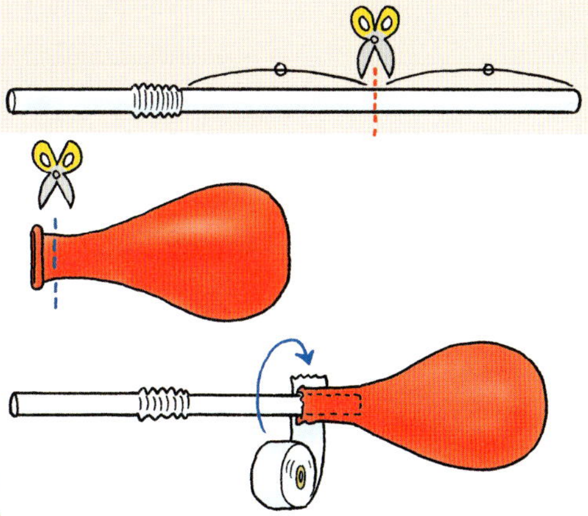

3 容器の底の縁に、セロハンテープでストローを固定し、図のような向きに 2 をつける。

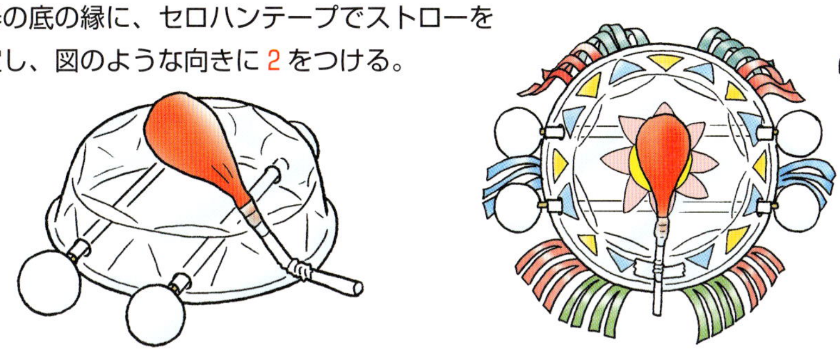

ストロー糸回しの作り方

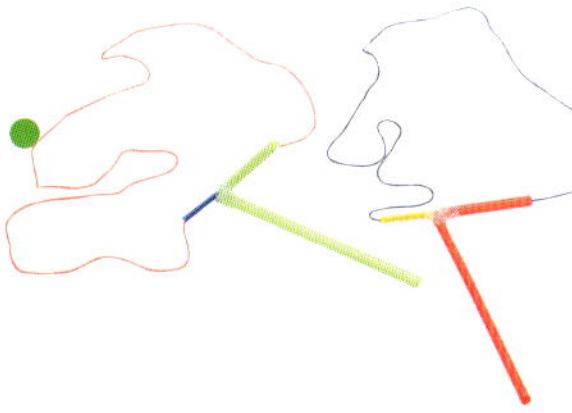

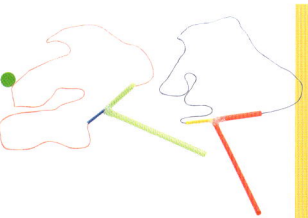

材料

ストロー（曲げられるものと、それより細いもの1本ずつ）

糸

道具

道具
セロハンテープ
はさみ

1 曲がるストローの蛇腹の部分に小さな穴をあける。細いストローがちょうど入るくらいの大きさにする。

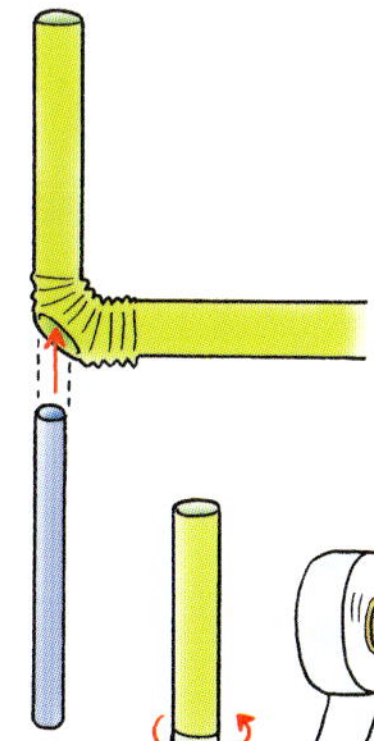

2 4～5cmの長さに切った細いストローを 1 の穴に差し込み、セロハンテープで空気がもれないように巻いて固定する。

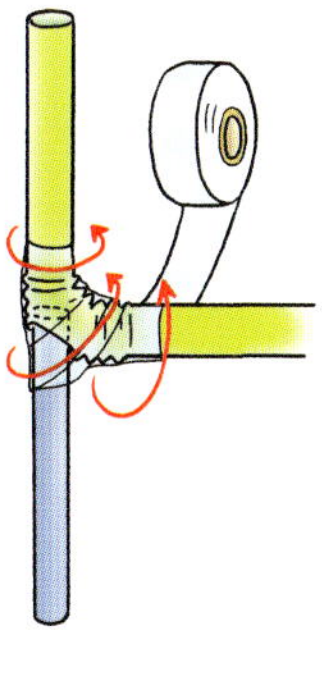

3 50 ～ 60cm に切った糸を図のように 2 の中に通し、輪に結ぶ。結び目はできるだけ小さくすること。

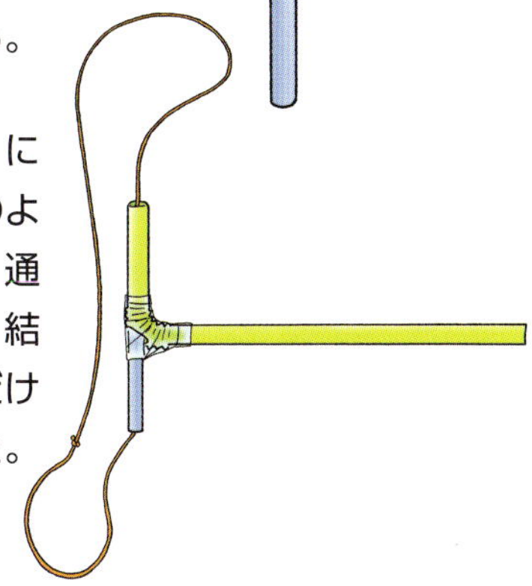

どうして糸が回るの？

太いストローに吹き込まれた空気は、そのまま速い流れとなって太いストローの吹き出し口へ進みます。すると、細いストローの中の空気はそれに引かれて吸い上げられます。

スピードを出したトラックなどがそばを通ると、引き寄せられるような感じがするのと、同じです。そのため、細い方から空気を吸い込み、太い方から出すという流れができ、糸が回るのです。

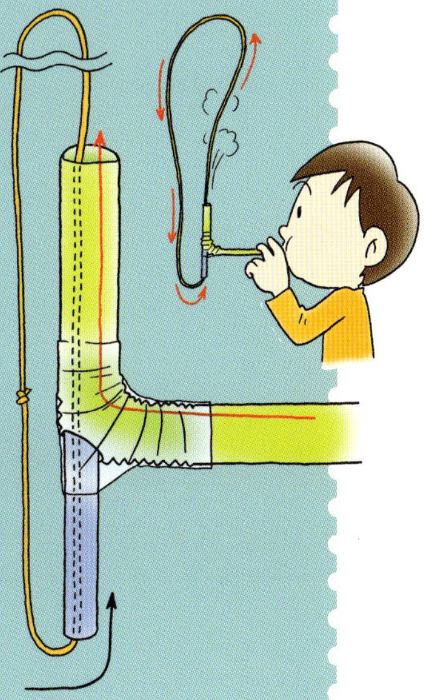

吹き出す空気で遊ぼう！

手作りふいご

ふいごは空気を送る道具です。
大昔から使われていた道具を、
段ボールと紙袋で作ってみましょう。
息よりも長く続き、ねらったところに正確に
空気を当てることができます。

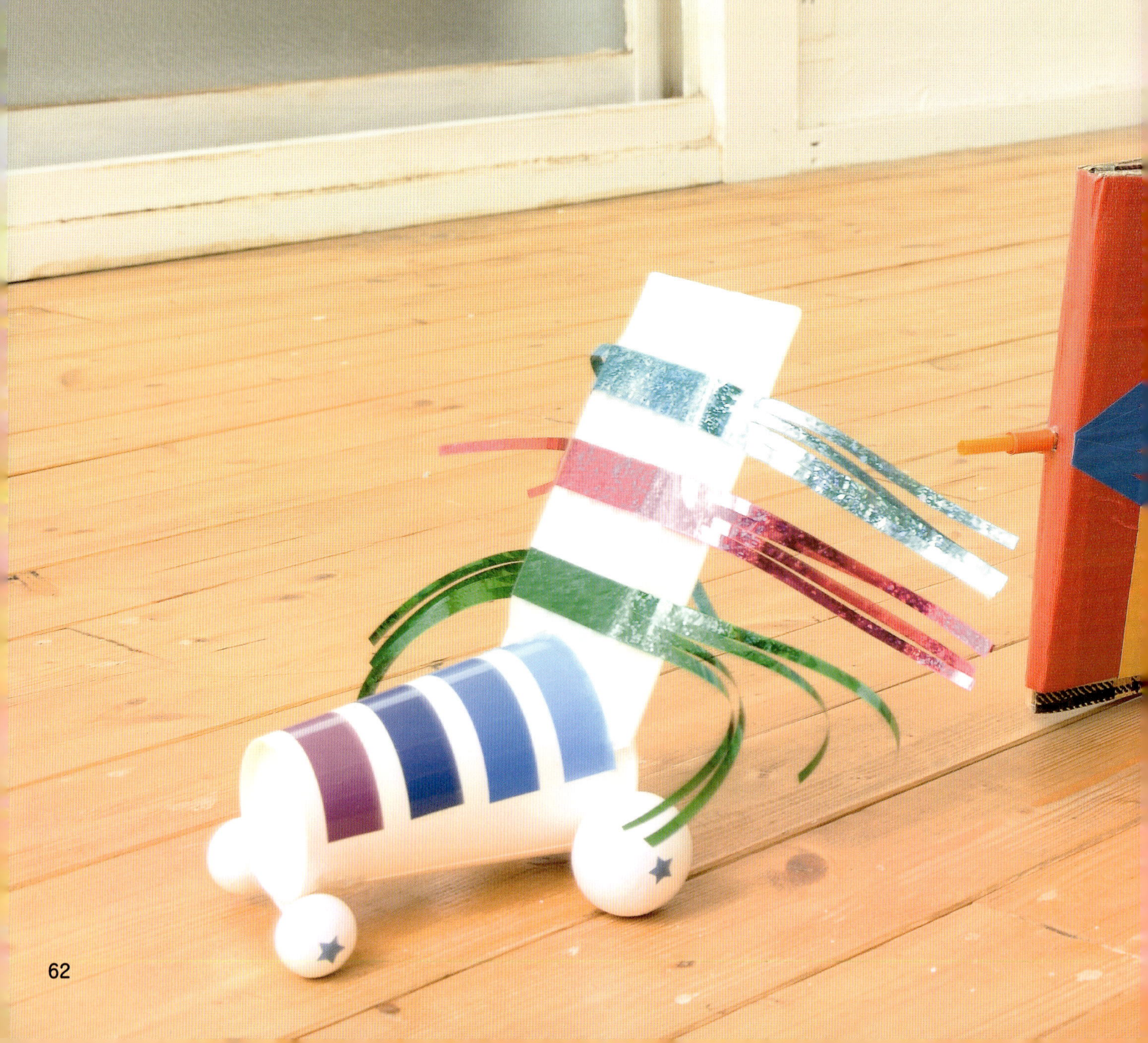

ゆっくり長く、
ひゅ～っと
空気が出るよ！

筒をすばやく押すと、
ひゅっ！ と
空気が出るよ！

こちらは筒型のポンプ型ふいごです。空気の取り込み口には弁がついていて、空気が確実に前から出るようになっています。

手作りふいご（紙袋タイプ）の作り方

材料

紙袋(厚手で丈夫なもの)
2枚
板ダンボール
ストロー

道具

はさみ
セロハンテープ
両面テープ
布粘着テープ
ビニールテープ

1 板ダンボールを切って、紙袋の側面より少し大きめの板を2枚作る

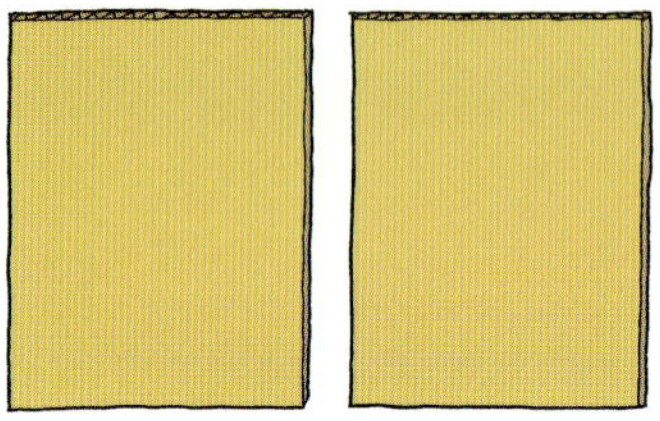

2 紙袋2つを図のように切り、残った持ち手も切り取っておく。

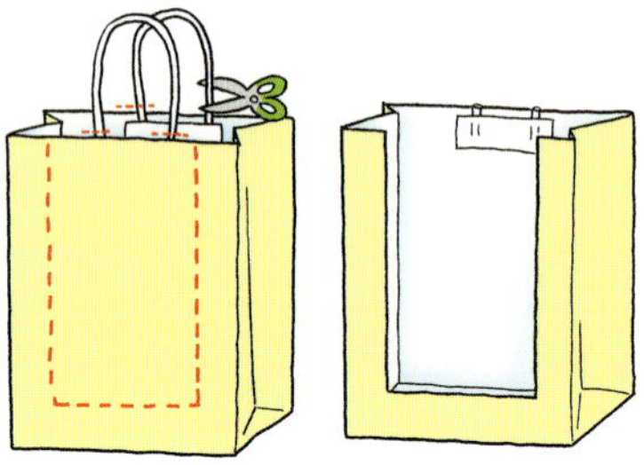

3 2つを両面テープではり合わせる。

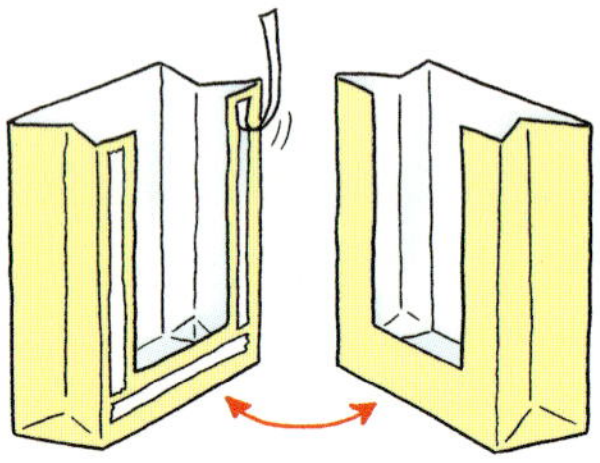

4 袋のつなぎ目から空気がもれないように、外からもセロハンテープをはって補強しておく。

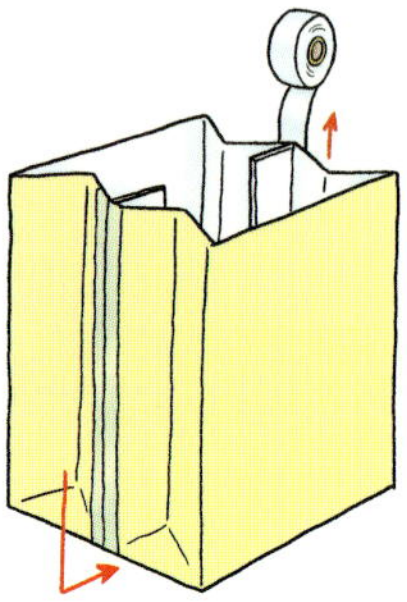

5 切っておいた段ボールの板と4の紙袋を両面テープでしっかりとはり合わせる。

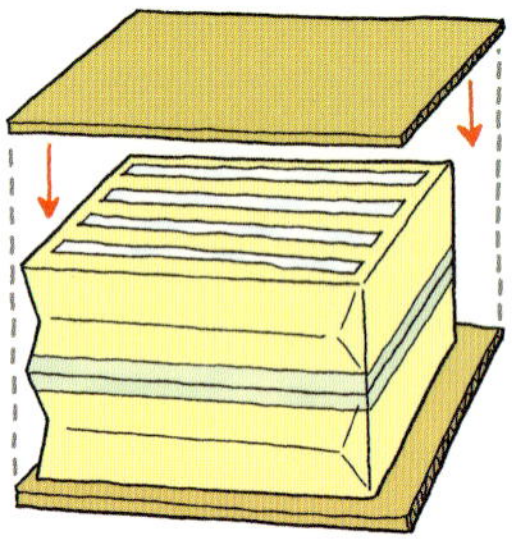

6 紙袋の開いた口にストローをはさんで、段ボール板の上から布粘着テープでしっかりとはって閉じる。細く切った板ダンボールで持ち手を作り、図のようにはりつける。

手作りふいごを後ろから見たところ

紙袋1枚でも、小型のふいごができる

手作りふいご（筒型タイプ）の作り方

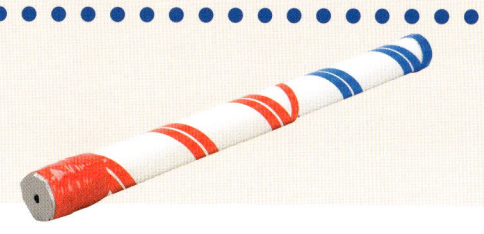

材料

ラップのしんなどの丈夫な紙筒
（太さ違いで１本ずつ）
工作用紙

道具

はさみ
ドライバー（穴をあけるため）
布粘着テープ
セロハンテープ
両面テープ

1 太い筒の先を包むように布粘着テープで巻く。その中央にドライバーを刺して、小さい穴をあける。細い筒は、先の部分に布粘着テープを巻き、太い筒の内径にちょうど合うくらいの太さにしておく。

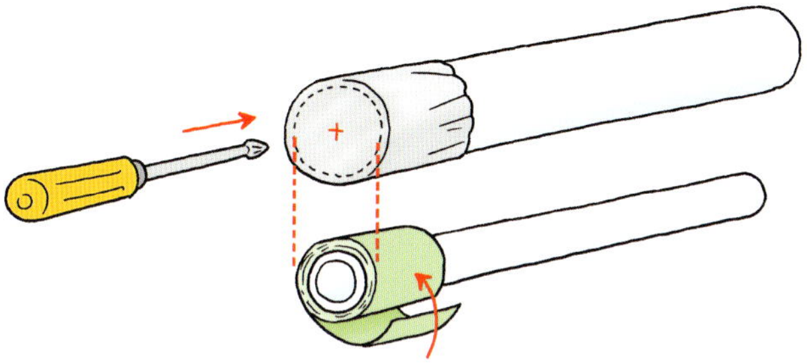

2 細い筒の直径より１cm ほど大きい円を工作用紙などで作る。周囲に切り込みを入れ、真ん中に１cm 角の窓を切り抜いておく。

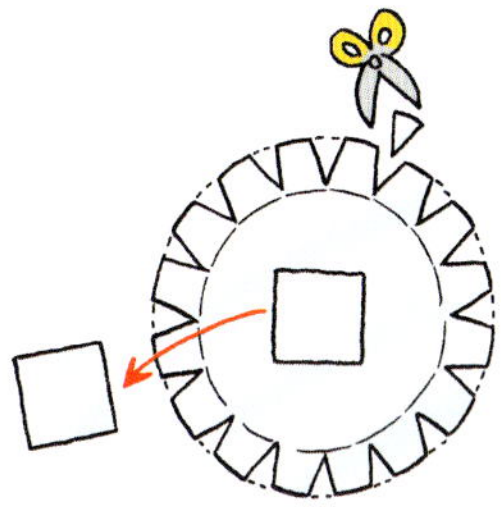

3 １cm 角の窓より少し大きめに工作用紙を切り、ふいごの弁にする。弁は窓をふさぐように、セロハンテープで上部のみを留める。

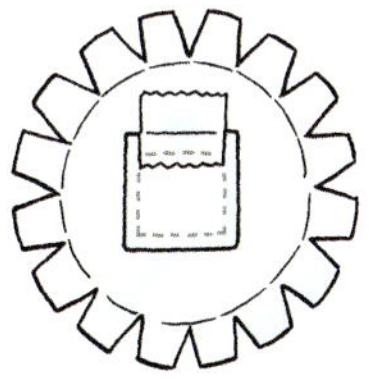

4 3 を細い筒の後ろ端に両面テープではり付け、さらに上からセロハンテープでしっかり留めて補強して、できあがり。

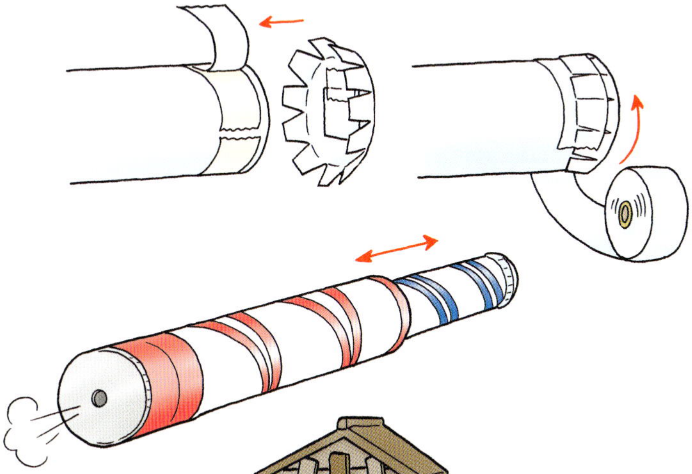

ふいごって、なあに？

ふいごとは、大昔から使われて来た、いわゆる「送風装置」です。金属を精錬するときなどに炉の中に風を送って火をおこしたり、火の勢いを強くするために使います。砂鉄と木炭で鉄を作るときには、たたら（足踏み式のふいご）が使われていました。

＊鉄を精錬する炉や、炉全体を収める建物も「たたら」と呼ぶことがあります。

おもしろ実験

ブンブンごまを鳴らしてみよう！

回転するおもちゃに一工夫を加えると、音が出るようになります。これも空気が震えることで音が出る、「空気の力」を利用したものです。

ピーピー笛

おもちゃのカプセルに細い窓をあけてひもをつけただけ。ぐるぐる回すと、ピーピーと高い音が出ます。

材料

おもちゃのカプセル
たこ糸
大きめのビーズ

道具

はさみ
千枚通し
セロハンテープ

1 カプセルのふたと本体に、細長い窓を切ってあける。

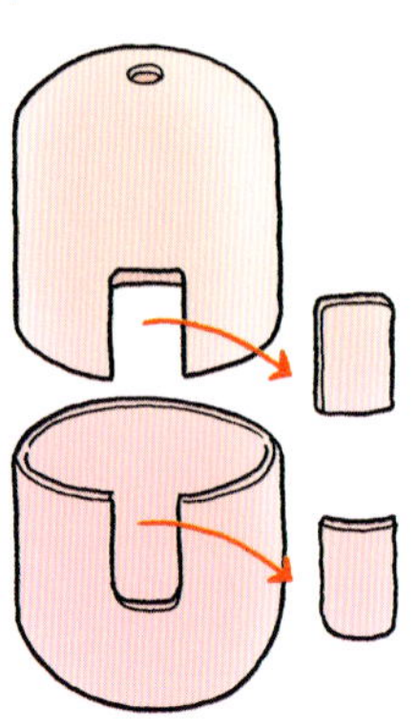

2 ふたに穴をあけ、たこ糸を通して中で結んで留める。ふたと本体の窓が合うようにはめて、セロハンテープで留める。

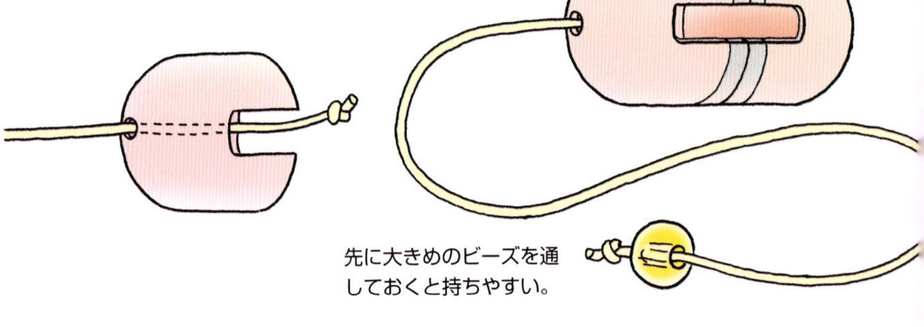

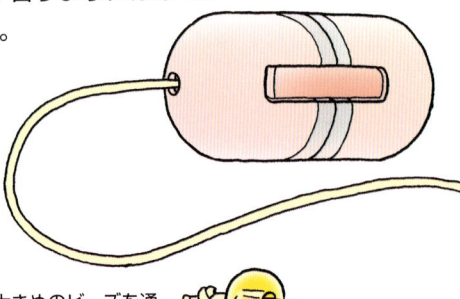

先に大きめのビーズを通しておくと持ちやすい。

材料

チーズなどの円形の
空き箱
牛乳パック
ストロー（曲げられるもの）
たこ糸

道具

はさみ
セロハンテープ

うなるブンブンごま

ブンブンごまの風を切る音を、もっと大きくしてみましょう。ここでは、ストローをつける方法と、端を折りあげる方法をご紹介します。

1 チーズの円形容器は、ふたと本体が外れないようにセロハンテープで留めておく。ストローの曲がる部分を図のように切って、箱の側面にセロハンテープで固定する。

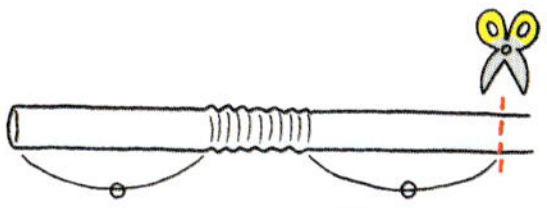

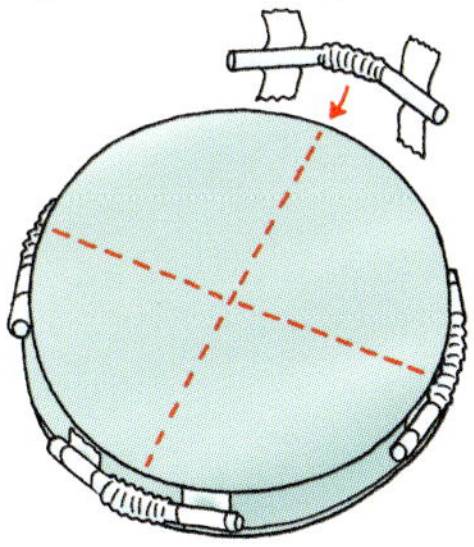

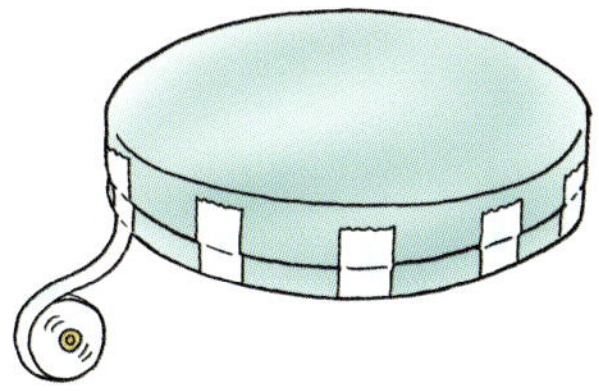

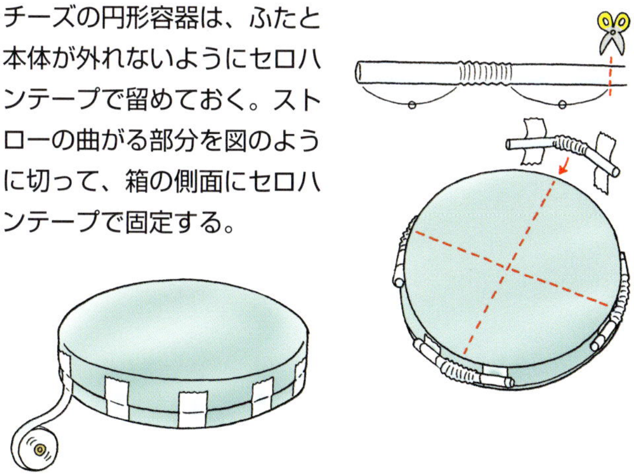

2 穴を2つあけ、たこ糸を通して輪にする。手に持つ部分にストローを切って通すと回しやすい。

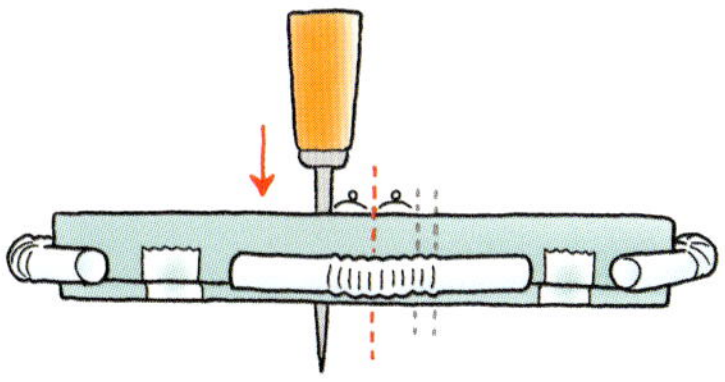

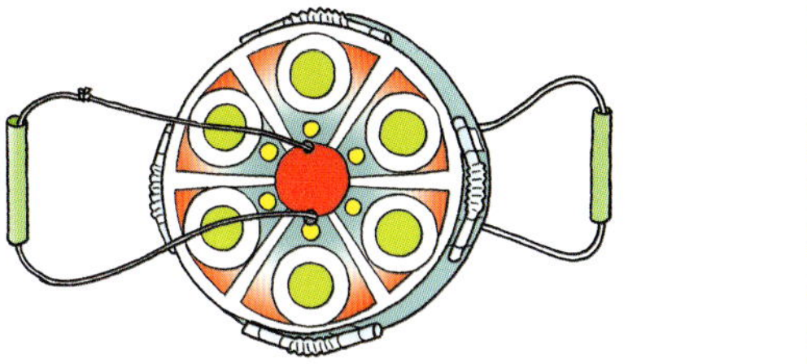

3 牛乳パックは底を切り取り、底に半径3.5cmの円をコンパスで描く。円の中心から図のように線を引き、4つの角を図のように切る。

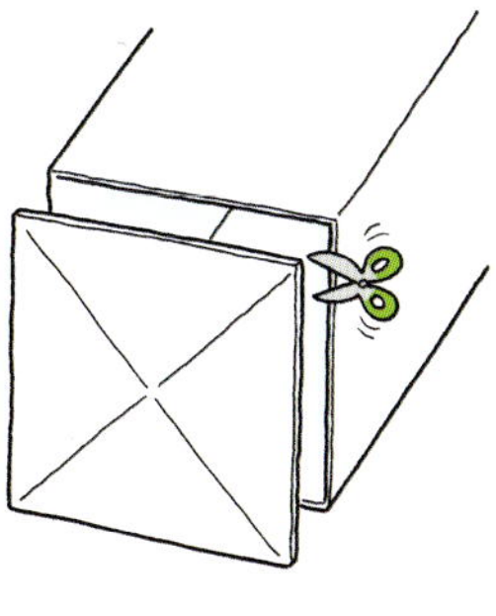

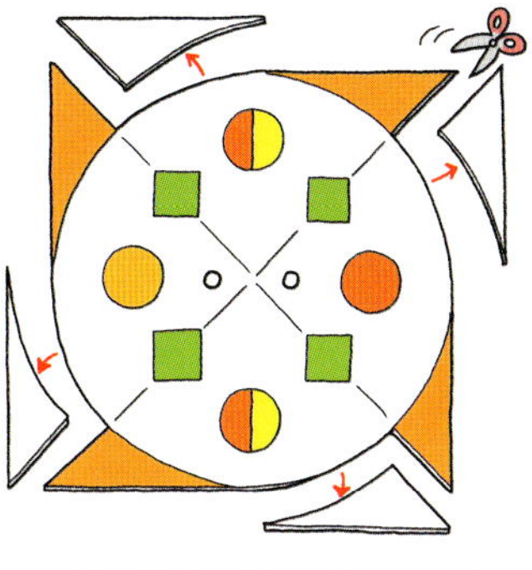

4 角の部分を図のように折り上げる。穴を2か所あけ、たこ糸を通す。

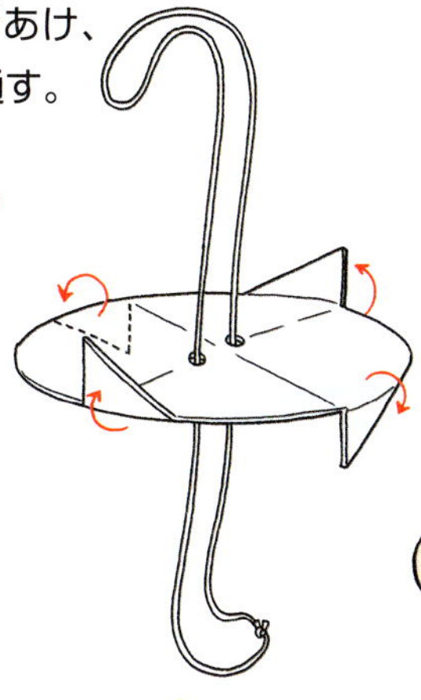

遊び方

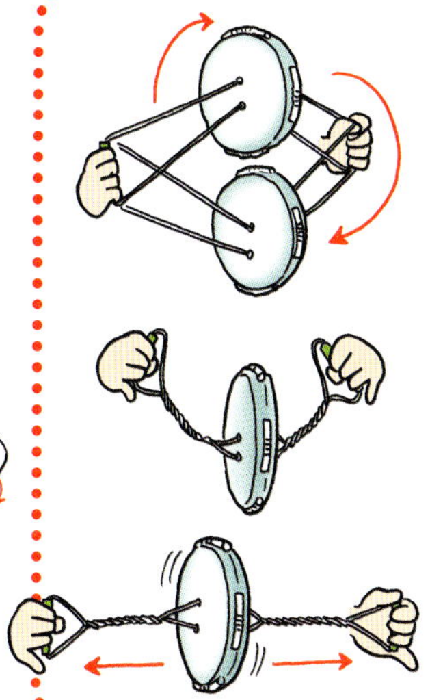

はじめに糸を振ってなん回もねじっておいてから、引っ張る。ねじりが外れて、また戻るときに、タイミングを合わせて糸をたるませる。これを繰り返していると、こまが回り始める。

空気を閉じ込めよう！

ポリ袋ボール

ただのポリ袋が、空気をぎゅうっと閉じ込めたとたん、
ポンポン弾むボールに大変身！
軽くて軟らかいから、遊ぶのも安心です。

それ、シュート！
ナイスキャッチ！
ヘディングだっ！

空気を閉じ込めよう！

ポリ袋ヨーヨー

ポリ袋ボールにゴムの持ち手をつけたら、大きなヨーヨーができあがり。
大きいけれど、上手に打ち続けるのは意外に難しいのです。
さあ、チャレンジ！

まっすぐ上手に
打ち出せた！

ポリ袋の弾力が、
気持ちいい！

長くつないだゴムをポリ袋ボールの上下につけると、
パンチングボールにもなります。
天上と床につけるのが難しい場合は、
部屋の角を利用して、左右につけても遊べます。

輪ゴムの持ち手は、
数本をつなげて作る。
長さを変えて、
いろいろやって
みよう！

ポリ袋ボールの作り方

材料

ポリ袋

道具

セロハンテープ
ビニールテープ
はさみ

1 袋の大きさの3分の2くらいまで空気をパンパンに詰め、口をぎゅっと結ぶ。

2 底の角を折り上げて、セロハンテープで留め、さらにパンパンにする。結んだ袋の口を切る。

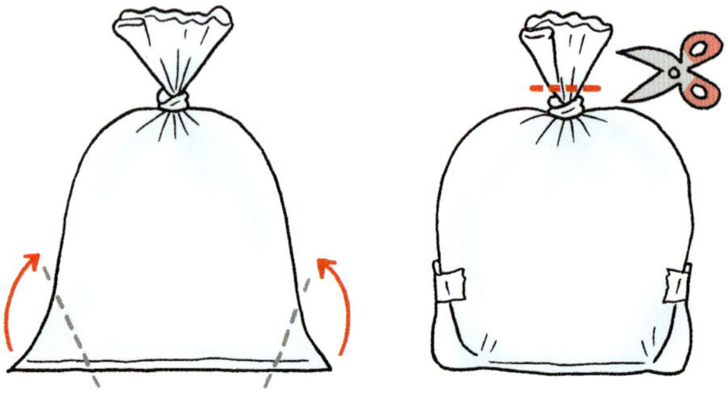

3 ビニールテープを、しっかり締めつけるように巻きつける。3回くらい巻くと弾力が出て、床に打ちつけると弾む。

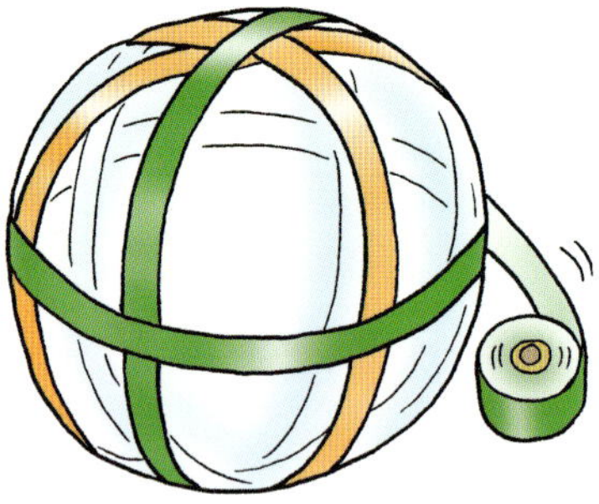

ポリ袋ヨーヨーの作り方

材料
ポリ袋
輪ゴム

道具
セロハンテープ
ビニールテープ
はさみ

1 袋の大きさの３分の２くらいまで空気をパンパンに詰め、口をぎゅっと結ぶ。

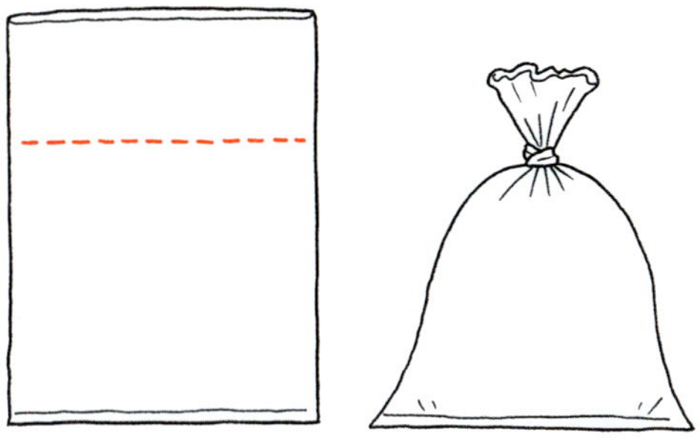

2 底の角を折り上げて、セロハンテープで留め、さらにパンパンにする。結んだ袋の口を切る。

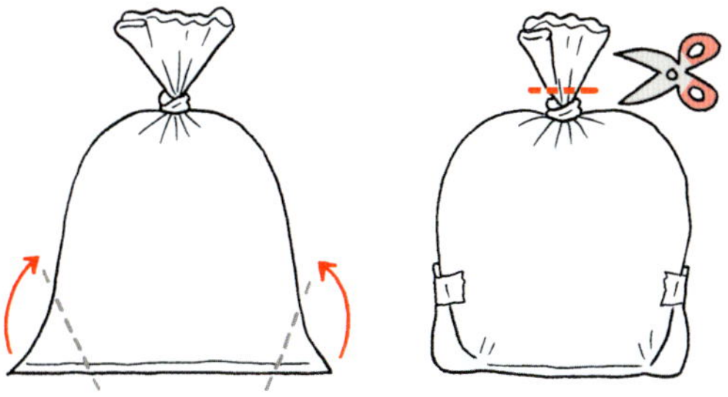

3 ビニールテープを、しっかり締めつけるように巻きつける。

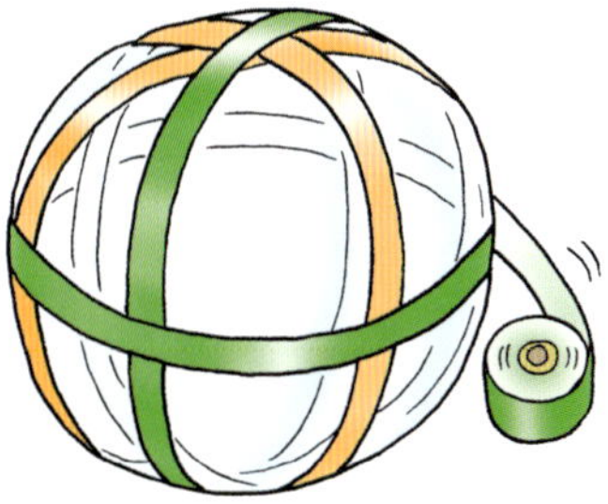

4 ゴムを３～４本つなぎ、図のようにビニールテープでしっかりヨーヨーに固定する。
輪ゴムを長くつないでヨーヨーの上下につけ、天上と床にゴムをつけると、パンチングボールとしても遊べる。

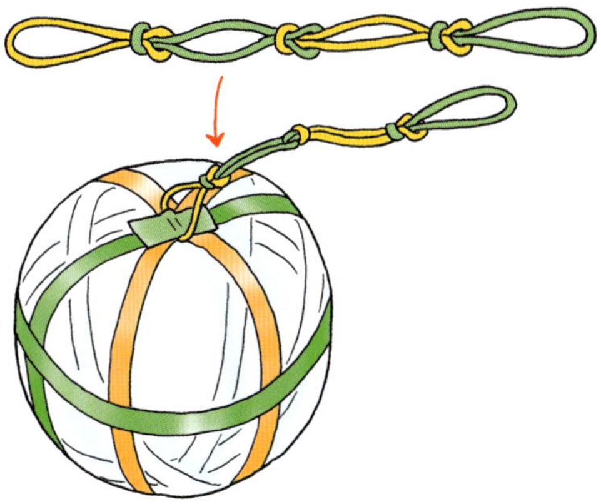

ためしてみよう！

強力！ ３連ヨーヨー

ポリ袋ボールを、３つまとめてビニールテープでしっかりくくり、その両端に輪ゴムをつないだものをつけます。これを一人ずつ持って、二人で打ち合いしてみましょう。３連ヨーヨーの強い弾力が、病みつきになるかも？

空気を閉じ込めよう！

わっ！ゴム風船

くしゃっと輪ゴムでつぶされている、ポリ袋の風船。
息を吹き込んで膨らませていくと、
少しずつ風船の絵の正体が明らかになっていきます。
輪ゴムがかけてあるので、
吹きごたえは十分。みんなで競争してみよう！

なにが描いて
あるのかな？

ふ〜っ
ふ〜っ！

だんだん
わかって
きたぞ……

カニさんでした！

わっ！ゴム風船の作り方

材料

ポリ袋
輪ゴム
ストロー

道具

はさみ
セロハンテープ
フェルトペン

1 ポリ袋に好きな絵を描き、袋の口を結んでしっかり閉じる。

2 底の角を小さく切り、ストローを差し込んでセロハンテープで空気がもれないようにしっかりつける。

3 輪ゴム1つを二重にして真ん中にかけて、できあがり。

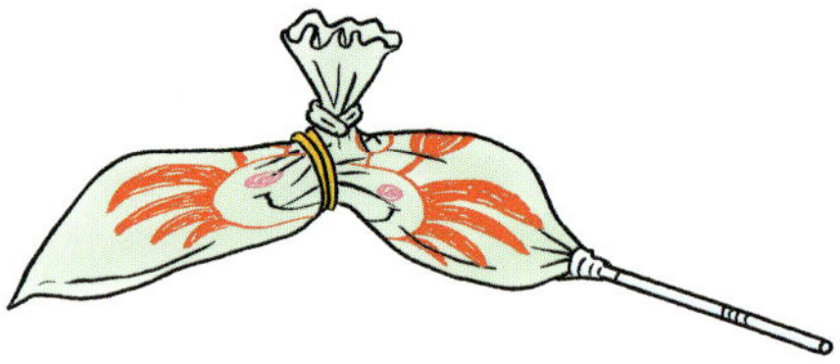

ためしてみよう！

空気の移動を実感しよう

大きなポリ袋で同じようなストローつきの袋を作り、ストローから息を吹き込んでパンパンにしておき「エアタンク」を作ります。それを「わっ！ゴム風船」につないでみましょう。膨らんだポリ袋を押すと、空気が移動して「わっ！ゴム風船」を膨らませていくのが、手の感覚でもわかります。膨らませ終わったら、逆に輪ゴムの力でエアタンクへ空気を戻してみましょう。

おもしろ実験

ストローエアジャッキ

かごの中に入ったお友達を、二人の吹き込んだ息だけで持ち上げます。
とても無理なように思えますが、空気はびっくりするほど力持ち。
さあ、チャレンジ！

２つのかごの間には、45リットルのポリ袋で作ったエアタンクが入っています。エアタンクは、口を固く結び、底の両角を小さく切ってストローを差し込み、セロハンテープでしっかり留めて作ります。

すごいすごい！ 見事に持ち上

このエアジャッキは、
二人で気持ちを合わせて、
いっしょのタイミングで
吹き込んでいくのがコツです。

げることができました。

立花愛子

造形かがく遊び作家。NHK 教育テレビの主に理科番組の制作・造形にたずさわり、現在は主に幼児・保育者・親向けの出版物で、科学遊びを中心とした造形制作を行っている。保育者向けの講習会、ワークショップ、科学館の企画展示など、幅広く活躍している。近著に「びっくり！　おもしろ遊びシリーズ」（チャイルド本社）「ポリぶくろであそぼう」（世界文化社）、「楽しい科学あそびシリーズ」（さ・え・ら書房）、「科学工作図鑑３冊シリーズ」（いかだ社）などがある。

佐々木伸

造形工作作家、イラストレーター。児童向け実用書の作品制作、学習参考書の理科イラスト、科学館の展示の企画・制作などを手がける。近著に「びっくり！　おもしろ遊びシリーズ」（チャイルド本社）「おもしろ工作ベスト 20」（主婦と生活社）、「科学じかけの貯金箱　自由研究 BOOK」（いかだ社）などがある。

2006 年より、編集者と造形作家で構成される「築地制作所」というユニットを作り、佐々木、立花ともにメンバーとして活動を展開。造形やかがく遊びを通して、子どもの自由な遊びを考え、提案するため、書籍、テレビ、講習会などで幅広く活動中。

企画・制作●立花愛子　佐々木伸
イラスト●横井智美
撮　　影●大村昌之
モ デ ル ●松原想奈　羽鳥菜花　根本　樹（セントラルファッション）
撮影協力●あざみ野白ゆり幼稚園（神奈川県）
表紙・本文デザイン●坂田良子
編　　集●石山哲郎　鶴見達也
編集協力●清水洋美

びっくり！おもしろ空気遊び

2009 年 11 月　初版第 1 刷発行
2014 年 12 月　　　第 2 刷発行
著　者●立花愛子・佐々木伸
　　　　ⓒ Aiko Tachibana　Shin Sasaki　2009
発行人●浅香俊二
発行所●株式会社チャイルド本社
　　　　〒 112-8512　東京都文京区小石川 5-24-21
電　話● 03-3813-2141（営業）　03-3813-9445（編集）
振　替● 00100-4-38410
印刷所●共同印刷株式会社
製本所●一色製本株式会社
ISBN ● 978-4-8054-0154-5　NDC376　26 × 21cm　80P